HISTOIRE

DES

HOMMES ILLUSTRES

DE LA FAMILLE LATOUR, DE NOÉ

PAR

L'Abbé LATOUR, de Noé,

Prêtre auxiliaire de la paroisse Saint-Jérôme de Toulouse ;
Neveu du martyr l'Abbé Gabriel-François de la Tour, de Noé ;
petit-fils et filleul de Gabriel Latour, de Noé, commandant l'armée royale
victorieuse au combat de la Terrasse, le XXI thermidor an VII.

Edition princeps, tirée à mille exemplaires.

Forsan et hæc olim meminisse juvabit ;
Enéide de Virgile, livre I, vers 207.

Un jour ces souvenirs auront pour nous
des charmes.
Traduction de Delille.

———

PRIX : 1 fr. — Franco : 1 fr. 25 c.

———

TOULOUSE

ROUGET FRÈRES & DELAHAUT, Imprimeurs-Libraires, Éditeurs
Rue Saint-Rome, 39

Et chez l'AUTEUR, rue Saint-Rome, 29

———

1er JANVIER 1872

Tous droits rigoureusement réservés.

PRÉFACE

L'homme, le Français surtout, est un grand enfant. Le vrai, le beau, le bon, rarement le passionnent ou l'émeuvent, mais il adore le tapage et il aime le bruit. Le Provincial, réputé sérieux, qui jadis regrettait une heure passée à Paris dans la Sainte-Chapelle, perdait sans remords une journée entière devant le palais des singes, la grille de l'ours Martin ; s'amusait pendant quatre heures à lancer des brioches aux vieilles carpes de l'étang de Fontainebleau. Cartouche et Mandrin sont plus populaires que Turenne et Richelieu. Tropmann, avec ses massacres de Pantin, a plus remué la France que Thiers avec son habileté sans pareille.

Mangin, avec son casque d'or et ses excellents crayons, est plus célèbre que l'abbé Migne avec ses presses monumentales, comme jamais n'en eurent de semblables ni les princes ni les Etats du monde entier.

Léotard et son trapèze, Thérésa et son ignoble chanson du Sapeur ont attiré plus de monde au Gymnase ou à l'Alcazar que Molière, que Racine au *Français*. Filhouse, le marchand d'almanachs, pêchant à la ligne sur la place du Capitole, après une averse de cinq minutes, ira plus avant dans la légende populaire de la cité de Goudouli que le comte de Villèle avec ses plans financiers, rivaux de ceux du Grand Colbert lui-même; que le cœur épiscopal de monseigneur Mioland, quoique pourtant, avant lui, le siége de Toulouse la *sainte* jamais n'ait eu le bonheur d'être occupé par une âme plus paternelle et plus noble que cet immortel archevêque.

Pour plaire à ce grand enfant, sans discernement et sans goût, Ah ! n'allez pas lui acheter des jouets distingués; il les briserait sans pitié. Ne placez pas sous ses yeux, toujours distraits, un chef-d'œuvre de Phidias ou une transfiguration de Raphaël; il ne les regarderait même pas ! Voulez-vous le faire sauter de joie ? empruntez la voix puissante de l'histoire, les lyres les plus harmonieuses de la poésie, pour chanter un Attila qui brûle et ensanglante la terre ; un *Guillaume* qui piétine la France ; un Rochefort quand, sa lanterne à la main, après avoir trouvé dans les rues de Paris, non pas seulement un homme mais bien une douzaine d'hommes, il a le cynisme d'oser opiner avec eux dans les conseils de la patrie en péril.

Soldats de la Loire ! portez les armes; tambours battez

aux champs ; officiers ne riez pas ; voici le général Gambetta ; voici le double ministre, nommé par lui-même, qui
désorganise complétement le pays, et qui ordonne aux
niais de la presse de proclamer qu'il a sauvé l'honneur de
la république et de la défense nationale. Oui, sauvé ! parce
qu'il a daigné donner à cette hideuse goutte d'huile qu'on
appelle l'armée allemande, après avoir sali Strasbourg,
Metz, Sédan et Paris, de s'étendre jusqu'à Dijon, Or-
léans, le Mans, Rouen et les portes du Hâvre. Ultrà-radi-
caux, hourra ! oui, voici le Gambetta qui aurait laissé
cette honteuse tache souiller encore le Rhône, la Garonne
et nos blanches Pyrénées si la France n'avait compris qu'il
fallait enfin prier ce mauvais avocat de ne plus plaider sa
cause par lui compromise, et ses intérêts, par son incapa-
cité, si affreusement lésés !

Tandis que l'homme, cet enfant capricieux, réquisi-
tionne les cent bouches de la renommée pour publier les
bassesses de tous les Erostrates du monde, il ne la con-
traint même pas à en ouvrir une seule pour célébrer la
gloire d'un autre Phinées, qui sauve la religion ; d'un nouveau Machabée, qui venge la patrie ; d'un abbé de Ge-
noude, qui réclame la souveraineté du peuple et l'exercice
vrai de ses droits imprescriptibles ; d'un abbé Migne, qui
éclaire l'univers par ses publications gigantesques.

L'homme, cet enfant curieux, exige que tout savant
métamorphosé en Fontenelle, braque son lorgnon sur la
lune en plein pour y découvrir des habitants, en faire l'histoire, et lui fournir ainsi pour l'amuser de l'inédit et du
nouveau. Pendant que, selon l'usage antique et solennel,
tous *ceux qui bâillent aux chimères*, et tous les astrolo-

gues de l'histoire, iront se perdre dans les sombres nuages de la politique inconstante, je resterai, moi, au foyer domestique.

Oui, que d'autres, pour demeurer sans reproches, sans peur, suivent mes exemples. Alors, nous rendrons à l'histoire, leur domaine légitime, des hommes simples par leur modestie, mais grands par leur valeur. Ainsi, nous enverrons à l'immortalité, leur place méritée, des noms dont le bruit s'était arrêté aux limites des communes rurales qu'habitaient les hommes *illustres* qui les portèrent.

Nous vulgariserons bientôt ces génies incompris dont la renommée expira aux confins des villages ignorés, patrie trop négligée de ces gloires prématurément éteintes, théâtre retréci des travaux merveilleux de ces nouveaux Hercules. Alors, enfin, les deux ou trois générations futures et dernières pourront admirer un mérite qui dormait dans la mort de l'obscurité et dans le néant de l'oubli ; elles pourront adorer demain déjà des Dieux qui, pour elles, seraient demeurés perpétuellement inconnus.

A ces titres, on me pardonnera donc, je l'espère, d'inaugurer ici la réhabilitation des siens et de commencer aujourd'hui les réparations de famille. On daignera aussi me lire, je le suppose encore, avant de traiter de *prétentieux* un acte de parenté que j'appelle peu modestement : *l'histoire des hommes illustres de la famille Latour, de Noé.*

Il est, du reste, parfaitement inutile de se casser la tête en ce moment pour trouver l'intention qui me fait publier cette Notice intime. Je ne suis pas aussi mons-

trueux que le Sphinx pour proposer à mes lecteurs cette
énigme à deviner. J'ai trop pour cela le courage de mes
paroles, de mes actes et de mes écrits.

Non, certes, ce n'est pas la vanité qui a guidé ma
plume. Si tel eut été mon triste mobile, il y a douze ans
déjà que j'aurais publié mon travail, puisque mes rensei-
gnements alors étaient à peu près les mêmes que ceux
qui me servent aujourd'hui. J'aurais pu pendant ce temps
savourer les parfums exquis que ma famille exhale. Voilà
donc douze longues années que je pouvais inscrire à l'actif
de mon orgueil et ne pas porter en compte au budget de
mon humilité; c'eut été tant de pris sur l'humiliation,
cette grande et mortelle antipathie de la nature humaine.
Et cependant, je me suis abstenu : donc l'amour-propre
n'est pour rien dans ceci. J'aurais même attendu encore,
si j'avais eu portefeuille un pacte avec la mort; mais cette
divinité cruelle est aveugle de naissance; elle frappe à tort
et à travers : elle pouvait donc, comme à tant d'autres,
me jouer un mauvais tour. Or, avant de mourir, mon cœur
voulait *accomplir cet acte de piété filiale.*

Maintenant, il me semble que je trépasserai plus con-
tent. Et celui-là serait bien barbare qui oserait m'inter-
dire la plus douce et la plus légitime de mes consolations.
Ceux qui me blâmeront ne sont pas les plus modestes ;
ils feraient cent fois pire, si dans leurs blasons, ils avaient
autre chose que le tire-pied de saint Crépin, le cordon
de Cerbère, le rasoir de Figaro, la morue de Terre-Neuve,
la brouette d'Hercule, la pipe du Caporal ou la mâchoire
de Samson.

Pour conclure, je dis : mes ancêtres m'ont légué un

superbe héritage de gloire et de vertu. Qu'au dernier jour, quand mon cœur cessera de battre pour eux et pour la terre entière, qu'il s'arrête du moins en bégayant ces mots : *Monumentum exegi mirum pietate parentum ! ! ! ! !*

Non, non, non, la vanité n'a rien à voir ici ; si j'ai entendu Mathathias quand il me disait : « Souviens-toi des œuvres qu'ont faites tes ancêtres ; » je n'ai pas oublié non plus la fière recommandation du grand citoyen romain, disant : « Qu'est-ce donc que l'homme, pour que tu aies à t'occuper de lui ? »

CHAPITRE PREMIER.

Notions préliminaires ou grandes familles du diocèse de Rieux.

Noé était autrefois une petite ville forte de la province de Languedoc. Il devint sous la révolution un chef-lieu de canton, district de Muret, département de Haute-Garonne ; pour le spirituel, il appartenait au diocèse de Rieux.

C'était un bénéfice-cure perpétuel et inamovible de *ville murée;* conséquemment, le titulaire de ce bénéfice à charge d'âmes devait être *gradué* dans une Faculté quelconque d'une université de France. Les degrés des Facultés diverses ne conféraient pas au gradué nommé ou requérant les mêmes droits aux bénéfices ecclésiastiques.

Les grades de certaines Facultés étaient préférés à ceux de quelques autres. Voici l'ordre de cette préférence : docteur en théologie, en droit canon, en droit civil, et enfin en médecine. Il en était de même pour les grades inférieurs. Rieux fut érigé en évêché par le pape Jean XXII, l'an 1347. Il fut un des sept évêchés donnés pour suffragants à Toulouse, qui, à cette même époque, fut érigée elle-même en archevêché. Ces sept diocèses étaient ceux de : Lavaur, Lombez, Mirepoix, Montauban, Pamiers, Saint-Papoul et Rieux.

Depuis son érection en évêché jusqu'à sa suppression par le concordat, en 1801, le diocèse de Rieux avait duré

484 ans. Pendant ces cinq siècles de sa glorieuse existence,
il fut gouverné par XXXIV évêques, dont je vais dire les
noms. L'année de la nomination du successeur est ordi-
nairement la même que celle de la mort de son prédécesseur. Donc, en rapportant la date de la mort de l'un, j'indique par là même celle de la promotion de l'autre.

I. Pilefort de Rabastens : *Pilus Fortis* de Rabastens, nommé
en 1318, mort en...................... 1321.

II. Bertrand de Pilofort : *Bertrandus de Piloforti*, mort
en.................................. 1321.

III. Bertrand de Cardailhac : *Bertrandus de Cardailhaco*,
transféré à Cahors en.................. 1324.

IV. Jean de la Tissanderie : *Joannes de Texenderiâ*, mort
en.................................. 1347.

V. Antoine de Lobens : *Antonius Lobensis*, mort en.. 1349.

VI. Durand de Chapelles : *Durandus de Sacellis*, mort
en.................................. 1354.

VII. Jean Second : *Joannes Secundus*, on ignore son surnom,
mort en............................... 1359.

VIII. Pierre de Saint-Martial : *Petrus de Sancto Martiale*,
mort en............................... 1372.

IX. Jean de Lanta : *Joannes de Lantario*, mort en.. 1392.

X. Jérôme de Foix : *Hieronimus de Fuxo*, mort en 1406.

XI. Thomas, on ignore son surnom, mort en..... 1407.

XII. Guillaume du Puy : *Guillelmus de Anicio*, transféré à
Mirepoix en.......................... 1408.

XIII. Pierre de Levis : *Petrus de Levis*, mort en... 1414.

XIV. Vital du Lyon : *Vitalis de Leone*, dépossédé par Gaucelin du Bousquet, son successeur, en....... 1422.

XV. Gaucelin du Bousquet : *Gavelinus de Sylvulâ*, mort
en.................................. 1426.

XVI. Hugues de Rouffigniac : *Hugo de Rouffigniaco*, démis-
sionnaire en.......................... 1460.

C'est la fleur des évêques de Rieux. Après s'être démis entre les mains du pape Pie II, il se retira à Sarlat, département de la Gironde, où il mourut en odeur de sainteté en.. 1482.

En 1485, son corps fut translaté à Rieux et inhumé dans la chapelle de saint Cizi, patron de la ville de Rieux. Avant la révolution, la fête de ce saint martyr était chômée dans la paroisse.

XVII. Pierre Bonaldi : *Petrus Bonaldi*, mort en.... 1462.

XVIII. Geoffroi de Barillac : *Gaufridus de Barillaco*, mort en.. 1482.

XIX. Pierre d'Abzac de Donze : *Petrus de Abzaco de Donzâ*, mort en.. 1485.

XX. Bernard de Lustrac : *Bernardus de Lustraco*, mort en.. 1487.

XXI. Pierre Fabri : *Petrus Fabri*, venu de Lectoure, y revient en.. 1487.

XXII. Hugues d'Espagne : *Hugo de Hispaniâ*, mort en 1505.

XXIII. Pierre-Louis de Voltan : *Petrus-Ludovicus de Voltano*, mort en....................................... 1519.

Il fit reconstruire et décorer le palais épiscopal, devenu la proie des flammes. Il donna ses statuts au chapitre de Rieux.

XXIV. Gaspard de Montpezat : *Gaspardus de Monte Ponderato*, mort en.. 1523.

XXV. Jean de Pins : *Joannes de Pinibus*. Il était de la noble famille des marquis de Pins, de Brax, laquelle compte encore des membres dignes de leur grand nom. Il est mort à Toulouse, le 1er novembre.............. 1537.

XXVI. François du Bourg : *Franciscus de Pago*, mort en.. 1575.

XXVII. Jean-Baptiste du Bourg : *Joannes-Baptista de Pago*, neveu du précédent, mort le 31 avril........ 1602. Ce dernier a laissé quelques jolis poëmes latins.

Ces deux évêques étaient, l'un fils, l'autre petit-fils de Antoine du Bourg, président au Parlement de Paris, lorsque François Ier le nomma; en 1535, chancelier de France. Toulouse a maintenant le bonheur de posséder cette ancienne, grande et religieuse famille. Depuis longtemps déjà elle compterait parmi ses augustes membres un troisième prélat, si M. l'abbé du Bourg n'était mort à trente-deux ans, en 1841, vicaire-général, pleuré, il m'en souvient, par tout le diocèse; car il était pieux, modeste, bienveillant, parfaitement élevé et d'une distinction sans pareille.

Je me rappelle encore avec bonheur, qu'étant sous-diacre, je dînais un jour au Refuge, assis à table à côté du jeune archidiacre. M. Lavedan, l'excellent aumônier du couvent, me pria de découper, pour soulager l'habile écuyer-tranchant, mon voisin, une dinde qui attendait patiemment au milieu de la table, rôtie à point, l'accomplissement de son destin. Heureuse volaille! qui a l'éternelle chance de poser toujours épiscopalement sur ses muets fondements, dans tous les repas où flotte le plus mince rabat! Je plaçai la mitre traditionnelle de tous les banquets cléricaux devant le candidat aux plus hautes fonctions ecclésiastiques, qui m'honorait de quelque affection, lui disant : que j'avais la prétention de lui porter la première antienne pour une autre mitre beaucoup plus canonique : celle de Montauban. Ce vertueux convive accueillit ma plaisanterie; je dirai mieux, ma menace formulée avec un sérieux de pape, par le sourire le plus charmant que jamais ait lancé les lèvres d'un saint et gracieux archidiacre.

C'est donc bien de cet autre *Marcellus eris* qu'on peut dire à sa sainte famille :

« Gémissez et pleurez; il est mort à trente ans! »

XXVIII. Jean de Bertier : *Joannes Berterius*, mort en 1617.
XXIX. Jean-Louis de Bertier : *Joannes-Ludovicus Berterius*, neveu du précédent, mort en.................. 1662.

XXX. Antoine-François de Bertier : *Antonius-Franciscus Berterius*, encore neveu du précédent, mort le 29 août.................................... 1705.

Ces trois évêques furent les pères des pauvres par leurs aumônes, les docteurs des riches par leur science et l'exemple de tous par leur piété parfaite ; ils firent des fondations splendides. Ces trois grands évêques étaient de la famille si auguste des marquis de Bertier, du château de Pinsaguel, laquelle n'a nullement dégénéré ni de la distinction, ni de la vertu de ces éminents prélats.

XXXI. Pierre de Charitte de Ruthie : *Petrus de Caritate Ruthenensi*, mort en.................... 1747.

XXXII. Alexandre de Jouanne de Saumery : *Alexander de Jouanne* de Saumery, mort en.............. 1747.

XXXIII. Jean-Marie de Catellan : *Joannes-Maria de Catellano*, mort le 27 mars.................... 1774.

Un membre distingué de cette noble famille, qui habitait le Lherm, était un ami intime de mon grand-père.

XXXIV. Pierre-Joseph de Lastic Saint-Jal : *Petrus-Josephus de Lastico Sancto-Jali*, fut sacré évêque de Rieux le 29 juillet 1774 ; il avait été nommé le 28 avril.

Il était de la famille comtale de ce nom, dont quelques membres, tous dignes du vertueux prélat, habitent encore la commune de Saint-Antonin, dans le Tarn-et-Garonne. Ce grand seigneur était non-seulement évêque *per Baculum et Annulum* : par la crosse qu'il tenait dans sa main, par l'anneau qui brillait à son doigt, par la mitre qui surmontait sa belle tête, mais surtout par les vertus de son état. Jamais il ne fit de simoniaques économies sur les immenses revenus de son évêché, pour augmenter la fortune de ses nombreux neveux ; au contraire, il distribuait encore aux pauvres le produit de ses vastes domaines patrimoniaux. Aussi, quand arriva l'heure de la tourmente révolutionnaire, après avoir prouvé qu'il avait du cœur pour l'infortune, il démontra qu'il en avait encore en face du péril. Il ne quitta sa ville épiscopale qu'au dernier moment et à la fin de 1791. Alors, des pierres énormes lancées sur les contrevents de son palais, des vociférations sinistres de quelques loups de son troupeau qui hurlaient, la nuit, sous ses croisées : « L'évêque aristocrate à l'eau de l'Arize, » ne lui firent certainement pas peur, mais elles finirent par lui faire comprendre qu'il fallait enfin partir pour l'exil, afin d'épargner un monstrueux sacrilége à ses brebis galeuses transformées en bêtes sanguinaires.

Ce digne et dernier évêque de Rieux, qui a laissé dans mon pays des regrets éternels et des souvenirs impérissables, mourut sur la terre étrangère le 5 septembre 1812, âgé de quatre-vingt-six ans, léguant aux pauvres de son ancien et bien-aimé diocèse les biens que n'avaient pas emportés l'ouragan furieux de 93.

Le testament de Monseigneur de Lastic, édifiant comme une épître apostolique, était olographe. Il fut écrit par ce saint testateur le 18 juin 1807, au monastère de Mont-Serrat, en Espagne.

Né moi-même à Noé, diocèse de Rieux, pendant les années de mon enfance, toutes passées au village, j'ai entendu mille bouches de la contrée faire l'éloge de l'éminent prélat, Monseigneur le comte de Lastic.

Ce grand et dernier administrateur de mon ancien diocèse fut le protecteur et l'ami de ma famille de Noé. Je suis heureux de pouvoir payer ici à sa sainte mémoire et aux membres survivants de sa noble parenté le doux tribut de ma juste reconnaissance.

Rieux, en perdant son évêché, vit disparaître à jamais sa splendeur séculaire, tarir les immenses ressources que lui procuraient ses prélats, si princièrement dotés. Heureusement que le Seigneur y a pourvu en lui envoyant un homme cinq fois millionnaire, qui s'est constitué la providence des pauvres. M. Cazeing-Lafont est protestant, mais c'est un homme de sens; il rentrera donc, la grâce aidant, dans le bercail du bon pasteur. Le protecteur de Job, l'ami de Lazare, le père des pauvres, ne permettra pas que celui qui en a tant *visités*, tant *logés*, tant *vêtus*,

tant *nourris*, soit exclu du royaume des *bénis* de son père,
et privé de l'héritage destiné aux *bons* riches. L'Eternel se
plaira à récompenser de sa grâce dans ce monde et de sa
gloire dans l'autre celui qui fut si longtemps le bien-
faiteur des frères de son Fils bien-aimé.

Cet opulent propriétaire, déjà fort âgé, est menacé, dit-
on, de cécité. Malgré ce malheur, il n'aurait pas trop à
se plaindre de l'inclémence des cieux. Si, comme le grand
Bélisaire ou l'infortuné OEdipe, il était privé de la douce
lumière du jour, il lui resterait mieux encore qu'une fidèle
Antigone; car Dieu, pour le guider, lui a envoyé une Déesse;
mais la Déesse Fortune, et encore la plus robuste des trois,
celle que les Romains appelaient : *Fortuna virilis*.

Les évêques de Rieux avaient soixante mille livres de
rente, lesquelles équivalaient à cent quatre-vingt mille d'aujourd'hui. Ils employèrent toujours ces immenses revenus
pour la gloire de Dieu et le bonheur des hommes. C'est à
leur libéralité que l'on doit l'excellente route de Carbonne
à Montesquieu-Volvestre, et le magnifique pont de Carbonne,
à deux arches, en pierre de taille jaune, l'un des plus beaux
qui soient sur la Garonne.

Rieux en latin se traduit par *villa de Rivis, Rivorum, Rivi*.
Rieux dérive du patois, *Rious*, qui dérive lui-même du
latin *Rivus*, qui dérive du grec *réos*, dont la racine est *réo*,
qui signifie couler.

Ce nom lui vient de la réunion de plusieurs ruisseaux
auprès de cette petite ville, et surtout de sa position sur
la rivière de l'Arize, dont le nom est si poétique et si gracieux, et dont les bords le sont beaucoup plus encore.
L'Arize est une rivière charmante qui prend sa source aux
montagnes d'Estaguel, dans les Pyrénées de l'Ariége, canton de Saint-Girons.

Elle naissait donc dans le diocèse de Rieux, près d'Alzen, sa première paroisse, des montagnes au midi. Elle
le quittait un instant pour traverser le Couserans, et y ren-
trait vers Calmont. Depuis cette paroisse, elle revenait dans
son territoire, qu'elle n'abandonnait plus que pour se jeter

dans la Garonne, par la rive droite, à Carbonne, vis-à-vis l'église ; partageant ainsi le diocèse longitudinalement en deux parts, dont le côté oriental était le plus considérable.

Cette ville a pour patron saint Cizi, descendant des anciens Ducs de Bourgogne. Il fut fait prisonnier dans un combat livré contre les Sarrasins d'Espagne, dans la plaine de Rieux. Ayant refusé d'embrasser la religion de Mahomet, il fut martyrisé par ces infidèles. On l'ensevelit sur le champ de bataille, au lieu qui porte encore son nom, près Cazères.

Sur son tombeau, comme autrefois sur celui d'un autre héros, on aurait pu graver cette noble inscription : *Sta, viator, heroem calcas;* voyageur, arrête, pour ne pas marcher sur les restes d'un héros et aussi *d'un grand saint !*

Quand Rieux fut érigé en ville épiscopale, les reliques du saint martyr furent transférées dans son église, où elles sont toujours l'objet de la vénération du pays tout entier.

Le chapitre de l'église cathédrale de Rieux avait cinquante membres et une dotation de cent mille francs, qui équivalaient à trois cent mille de notre époque.

Barthe, l'organiste de ce chœur épiscopal, y a laissé un nom immortel. Il était aveugle de naissance, et pourtant il touchait l'orgue d'une façon ravissante. C'est encore lui qui avait organisé le carrillon des cloches, dont l'harmonie enchantait les villages d'alentour.

Rieux est une ville très-ancienne; il en est fait mention dans une charte de 1238. Jean XXII, dans sa bulle d'érection en évêché, du 5 des ides de juillet 1317, s'exprime en termes d'une poésie charmante : *Eam oppiduli nomine decoramus ;* nous l'appelons *Villette !* Son clocher est un des plus beaux de France; il est classé parmi les monuments historiques.

Le prévôt du chapitre était électif; les chanoines qui occupaient les stalles du côté gauche étaient aussi élus par le chapitre.

Rieux a vu naître Marin, le premier harpiste du monde et le plus bel homme de son siècle; il a donné naissance à Barrau, le plus honnête des républicains de son époque.

De simple garçon cordonnier, ce vertueux *sans-culotte* devint sous-préfet de Villefranche. Il ne savait alors ni lire ni écrire, et pourtant il faisait des vers patois comme Goudouli n'en composa jamais de meilleurs.

Plus tard, il refusa la préfecture de Montpellier. Bonaparte disait un jour de lui : « C'est le meilleur administrateur de mon Empire. » Je connais à Rieux des personnes qui conservent encore des savates que Barrau a cousues en 1789.

Rieux a donné naissance à l'abbé baron de Lafage, prédicateur du roi, tonsuré à 11 ans, chanoine de Rieux à 14, vicaire général à 25, chanoine de Notre-Dame de Paris à 30. Il refusa l'épiscopat de Montpellier pour se livrer à la prédication. Son éloquence était digne du grand siècle. Il fut l'émule du célèbre de Mac-Carthy.

Le diocèse de Rieux en latin, s'appelait : *Diœcesis rivensis, rivenæ* ou *rivenarum.* C'est comme qui dirait diocèse ripuaire ou riverain de la belle Arize, qui le parcourait du Midi au Nord depuis Alzen jusqu'à son affluent, à Carbonne, en serpentant dans son parcours, avec des caprices infiniment délicieux. Arrivée à ce point extrême, pour la distinction de ses eaux, elle ne quittait cependant pas encore sa contrée chérie. Ses ondes si douces, perdues maintenant dans celles de la Garonne arrosent toujours jusqu'au dernier pouce du territoire de Mauzac, sa dernière paroisse. Là, en prenant congé de sa patrie bien-aimée, elle salue dévotement Notre-Dame de *Laouaich.* Elle purifie de ses eaux lympides l'infidélité des marins d'eau douce du Couserans, lesquels, une fois qu'a disparu le danger que présentait alors la digue du moulin du Fauga, s'écriaient en vrais ingrats, envers la bonne Mère qui les avait sauvés : « Radeau passé, vœu perdu ! »

Le diocèse de Rieux était une oasis même dans le midi de la France. Son territoire était traversé dans toute sa longueur par le fleuve de la Garonne, dont les rives sont charmantes, et dont les eaux complaisantes apportaient à ses heureux habitants, à des prix excessivement modérés, les riches produits de la montagne. Nulle part on ne trouvait un sol qui fut mieux assorti ; on y rencontrait des plaines fertiles, des vignes luxuriantes, des coteaux complantés d'arbres fruitiers de toutes les espèces, des forêts de chênes et de sapins.

Ce diocèse avait plusieurs localités historiques.

Rimont, possédait une belle abbaye royale de l'ordre de Prémontré, nommée *Combelongue*.

Montjoie, avec son hameau d'Audinat, est connu dans l'univers entier.

Au Mas-d'Azil, on exploite une mine d'alum, le meilleur que l'on connaisse. Sa grotte si pittoresque devient chaque hiver le sombre palais de plusieurs millions de chauves-souris. Son abbaye royale de Saint-Benoît, *Munsum azilis*, fut fondée en 847. Détruite par les calvinistes, l'an 1570, elle fut reconstruite en 1620.

Camarade, fabrique un sel incomparable.

Tourtouse, conserve encore les ruines du délicieux palais d'été des évêques de Saint-Lizier.

Campagne, est habitée par M. Mauran, médecin et un de mes oncles. La mère de cet excellent docteur était au Plan, quand j'y restais moi-même. Ma reconnaissance l'avait surnommée *Tata-bonne*, parce que, pendant les cinq secondes années de mon enfance, tous les soirs, chez ma bien-aimée *Nani*, elle me disait quelqu'un des contes qu'a inventés l'imagination naïve de nos pères, avec une complaisance infinie. Je n'étais pas Hercule ; mais ces deux tantes chéries étaient bien pour moi une paire d'Omphales ; car, par l'esprit, le cœur et la piété, elles étaient les reines du pays. Voilà pourquoi, même après quarante-cinq ans, oui encore : *Meminisse juval !*

Saint-Ybars, dont l'Eglise collégiale avait douze chanoines.

L'abbaye royale de Lézat de l'ordre de Saint-Benoît fut fondée en 844 par le vicomte Antoine de Béziers. Elle avait cinq cents moines ; des appartements pour recevoir des Princes et leur suite nombreuse, une chapelle monumentale. La longue série de ses abbés a donné à l'Eglise un nonce apostolique, un grand aumônier de la maison royale de

France, six cardinaux et cinq évêques. Elle a eu soixante-sept abbés. L'église paroissiale de Lézat a le bonheur de posséder encore les reliques du grand saint Antoine, que Roger II comte de Foix, en 1106, porta lui-même au monastère de cette ville, et qu'il avait obtenues de l'empereur de Constantinople, à son retour de la Terre-Sainte.

Le Fossat, avec son massif château de *Las Tronques* : antique manoir des anciens comtes de Comminges.

Labastide-de-Besplas, aujourd'hui célèbre par l'assassinat de Lassale, par un scélérat que je ne nomme pas ; on pourrait croire que c'est moi.

Montbrun, dont l'antique château, pendant cinquante ans, eut l'honneur de donner asile aux bénédictins du Mas-d'Azil échappés par miracle au massacre qu'en firent les Huguenots en 1570.

Voilà pourquoi Dieu a béni la noble châtelaine, Mlle Pauline de Lapasse, en lui envoyant une fortune qui lui permet de soutenir son rang et son grand nom.

Montaut, était avant la révolution une paroisse qui jouissait d'un revenu fort considérable. C'est aujourd'hui un simple hameau, dépendant de la commune de Montbrun. Il possède toujours sa chapelle antique de saint Roch, dont la tradition du pays fait remonter la fondation à l'année 1340. Auprès de cet oratoire vénéré se trouve toujours la fontaine du bienheureux, aux eaux de laquelle la foi de nos pères attribuait la guérison de toutes les maladies contagieuses. C'est toujours un lieu de pèlerinage célèbre. Tout Montbrun s'y rend en procession le jour de saint Roch, et s'y rencontre avec toutes les paroisses voisines. Ce concours extraordinaire et périodique de pèlerins, par le temps sceptique où nous vivons, atteste qu'à ce modeste oratoire se sont opérés jadis des prodiges, lorsque les peuples croyaient à la puissance de l'intercession des élus. Le peuple valait mieux quand il comptait sur les saints, qu'aujourd'hui qu'il espère son salut de la vertu de l'*internationale* ; décidément l'impiété populaire n'est pas un progrès !

Cittas, avec son *trou* de sa montagne de *Roco-Courbéro*, refuge inaccessible d'une multitude innombrable de corbeaux.

Montesquieu, dit de Volvestre, à cause de la rivière du Volp, qui arrose cette riche vallée, depuis Sainte-Croix jusqu'à Cazères, avait une consorte de huit prêtres. Ce qui prouve avec quelle sollicitude l'ancien épiscopat de l'Eglise gallicane s'occupait du soin des âmes des villes *rurales*, qui n'avaient pas commé les cités *aristocratiques* le luxe si commode des corps religieux.

Or, avant la révolution on appelait consorte une communauté de prêtres séculiers qui étaient tenus non à l'office canonial, mais uniquement à faire le service paroissial de l'église qu'ils desservaient. Ces consortes ou ces communautés de clercs séculiers étaient les curés de la paroisse, et ses décimateurs. Elles se composaient de six, huit, dix ou douze prêtres, suivant la richesse de la dotation. Elles pouvaient avoir un vicaire à la portion congrue; c'est-à-dire un vicaire auquel elles donnaient une certaine portion des fruits ou une pension convenable pour son honnête subsistance.

Le nombreux troupeau de Montesquieu-Volvestre avait donc autrefois toute une communauté de ministres vertueux, qui travaillait au salut des âmes ; et cependant ici, je suis malheureusement forcé d'avouer que tous les efforts réunis de ces huit saints prêtres ne purent jamais arriver à assouplir le caractère indomptable de leurs paroissiens trop revêches.

Le seigneur du lieu, le marquis de Bertrand-Moleville, dernier ministre de la marine sous Louis XVI, avait eu le malheur, par ses vertus, peut-être, comme autrefois le juste Aristide, de déplaire à ses irascibles vassaux. Aussi, quand éclata la première révolution, ils se portèrent en masse à son château de *la Loubère* : manoir splendide, qui était le plus beau et le plus fort du pays. Dans une heure, comme ils travaillaient tous : hommes, femmes et enfants, *ab irato*, il ne resta pas une seule pierre, grosse seulement comme une noix de galle, pour attester aux passants que *la Loubère* était là.

Les gens de Montesquieu, du reste, quand on les prend à rebrousse-poil, sont de très-mauvais coucheurs. En 1830, l'abbé Grangeau, leur curé, qui était très-saint, mais très-peu aimable, ne voulait pas quitter son poste, se disant inamovible. Ses tendres brebis lui poussèrent alors un argument *ad hominem*, bâti d'après les règles de la logique américaine, lequel lui fit comprendre que pour les mener paître, l'inamovibilité ne suffisait pas, que l'invulnérabilité était encore requise. C'est alors qu'il se décida à les envoyer paître toutes seules, et à déguerpir sans leur montrer même ses talons, que sa mère n'avait pas plus saucé dans les eaux bourbeuses du Styx que Thétys n'y avait plongé celui par lequel elle tenait son héroïque nourrisson.

Le Plan, petite ville très-forte. Son magnifique clocher tout en pierre de taille, était jadis une citadelle formidable, laquelle garde encore ses deux tours, ses archères et ses créneaux. Une porte, avec ses herses et son pont-levis s'y est miraculeusement conservée. Ses rues, symétriquement disposées sont toutes tirées au cordeau. Ses bastions et ses courtines, construits en terre glaise, étaient d'une épaisseur énorme et d'une solidité granitique. Des vandales, nés dans la commune, démolirent, il y a quarante-cinq ans, ces fortifications majestueuses qui attestaient l'antique importance de cette petite ville. Cette opération monstrueuse donna un mal infini; il m'en souvient quoique je fusse fort jeune à cette époque. J'étais là chez une de mes tantes maternelles, ancienne religieuse de Saint-Bertrand-de-Comminges. Ma famille, pauvre alors, m'avait placé auprès d'elle afin que cette riche et spirituelle parente m'enseignât, au plus juste prix, ce qu'ailleurs on m'aurait appris en payant. Je me rappelle que mon aimable institutrice, que je nommais *Nani*, qui n'était que le mot *none attendri*, pleurait sur ces ruines quand nous allions les visiter ensemble. La terre de ces démolitions collossales servit à combler les immenses fossés de défense qui entouraient la place.

Martres et sa miraculeuse fontaine, sur les bords de laquelle combattit, fut tué et pompeusement inhumé par les infidèles eux-mêmes, l'illustre saint Vidian. Du reste, Martres n'est que *Martris* en latin, abréviation de *martyris*, qui veut dire du martyr.

Chaque année, le dimanche de la Trinité, la jeunesse de Martres simule, sur les bords de la fontaine, un combat en mémoire de la grande bataille du mois de juin 732. Dans cette gigantesque bataille le brave saint Vidian, aujourd'hui patron de l'ancien faubourg méridional de Calagorre, commandait l'aile gauche de l'armée chrétienne.

Telle est donc la grande *bataille de Calagorre*, la plus culminante du VIIIe siècle ; elle entraîna la ruine de cette cité célèbre ; elle ouvrit les portes de la Gaule à *l'invasion des barbares mauresques* qui occupaient l'Espagne ; mais aussi elle immortalisa Vidian ; elle plaça ses cendres sur les autels ; elle grava ses titres sur les colonnes du Panthéon et donna un nom sacré à Martres-Tolosane.

Cazères est placée dans un des plus beaux sites du monde. La paroisse était desservie par une *consorte* composée de six prêtres. Les traditions locales et des peintures murales attestent qu'elle fut aussi administrée par les Capucins, qui y avaient une magnifique résidence, par saint Ignace et ses premiers compagnons, à titre de curés primitifs.

Ici j'ai pour témoins, des faits et M. l'abbé Belhomme, premier vicaire de Saint-Jérôme, ancien vicaire de Cazères, où il a laissé de si excellents souvenirs. L'abbé de saint Jérôme n'est pas pour rien de la famille de Belhomme, notre ancien et si charmant archiviste. Or, à ce titre, c'était à lui que revenait naturellement l'honneur de découvrir et la gloire de faire maintenir ces peintures à la fresque si précieuses et si antiques.

A deux kilomètres de Cazères, à l'ouest, je rencontre le château de Simorre, qu'habite M. le comte de Foix. Je n'entre pas ; je me tiens sur la voie romaine qui longe le manoir. A la porte, je m'arrête pour écouter les débats entre les deux maisons de Foix ; elles se disputent leur grand nom. Qu'elles me permettent de vider, par voie d'arbitrage, l'éternelle querelle entre Jacob et Esaü, puisque un plat de lentilles ne peut les accorder.

Le tronc des comtes de Foix a deux branches : l'aînée et la cadette. Voici leurs droits respectifs : elles seront toujours d'accord si elles les respectent réciproquement. Ici, d'ailleurs, il y a de la gloire pour deux.

La branche cadette possède une magnifique compensation; elle a donné de son sang à Henri IV. Ce monarque populaire, en effet, par le côté maternel, descend des comtes de Foix.

Voici comment :

Grand'mère, Isabelle;

Fille, Madeleine;

Petite fille, Catherine.

Catherine, en janvier 1486, épouse Jean Sire d'Albret, roi de Navarre.

Ces deux époux ont un fils unique :

Henri I d'Albret.

Henri I d'Albret épouse la veuve du duc d'Alençon, Marguerite, sœur unique de François Iᵉʳ.

Ces deux époux ont une fille unique :

Jeanne d'Albret.

Jeanne d'Albret, le 20 octobre 1548, épouse Antoine de Bourbon.

Ces deux époux ont un fils unique :

Henri II pour la Navarre ; Henri IV pour la France, dont il est roi le 2 août 1589.

C'est ainsi qu'en remontant les branches maternelles de l'arbre généalogique de Henri IV, nous trouvons d'abord : dans la carapace du château de Pau, le 13 décembre 1553,

Henri IV.

Nous rencontrons ensuite :

Sa mère, Jeanne d'Albret;

Son grand-père maternel, Henri I d'Albret;

Son aïeule, Catherine de Foix;

Sa bisaïeule, Madeleine de Foix;

Sa trisaïeule, Isabelle de Foix, fille de Bernard II de Foix, cousin germain de Phébus, fils de Roger-Bernard, frère d'un autre Roger-Bernard, aîné et père de Phébus.

Voici donc les généalogies de la branche aînée et cadette :

Aînée :	Cadette :
Roger-Bernard,	Roger-Bernard,
Gaston Phébus,	Bernard II,
Un fils, une fille.	Mathieu, Isabelle.

Gaston-Phébus croit que son fils, à l'instigation de son beau-frère, Charles-le-Mauvais, veut l'empoisonner. Il l'enferme dans une tour de Foix. Le jeune comte se laisse mourir de faim.

Avec lui finit la descendance mâle directe de la branche aînée des comtes de Foix.

Il existe pourtant dans le pays de Foix une tradition locale tellement enracinée qu'elle me paraît transmettre une vérité généalogique.

Phébus avait eu de sa femme Agnès une fille belle comme son père. Mais son fils étant mort avant lui, il fait donation des domaines des comtes de Foix au roi de France.

Le duc de Berri, oncle de Charles VI, et régent du royaume pour le compte de son infortuné neveu, tombé en démence, connaît bien l'existence de la fille de Phébus. Il craint qu'elle ne revendique ses droits. Comme il veut vendre le comté de Foix à Mathieu, neveu de Phébus, il fait enfermer sa fille dans une vielle tour de Labastide-de-Sérou. Cependant, la belle recluse a touché le cœur d'un jeune seigneur de la contrée. Il favorise l'évasion de la jolie captive qui devient son épouse.

C'est de cette souche tombée à cette époque *en si belle quenouille* que sont sortis les seuls et vrais descendants de Gaston Phébus.

Donc, d'après cette antique tradition, qui vaut mieux qu'un parchemin douteux, le dernier descendant direct et majeur de Gaston *Phébus*, est aujourd'hui M. le vicomte Henri de Foix, âgé d'une quarantaine d'années. Il est juge, *vicaire* ou *Viguier* d'Andorre. Il a trois enfants : deux garçons et une fille. Un quatrième, lui est mort tragiquement, asphyxié par une châtaigne, que son petit gosier ne put avaler.

Les autres comtes de Foix appartiennent à la branche cadette commencée par Mathieu, vicomte de Castelbon. Mathieu, neveu de Phébus, étant mort sans enfants, la succession est continuée par sa sœur Isabelle, aussi nièce de Phébus, comme fille d'un cousin germain du beau comte.

Isabelle épousa Archambaud de Grailly, captal de Buch, lequel, en 1401, par lettres patentes du roi Charles VI, changea son nom de Grailly en celui de comte de Foix.

Isabelle Archambaud, comtesse de Foix !

Voilà donc, l'Eve heureuse qui est la souche maternelle de Henri IV et des cadets de Foix.

Cazères et Martres se disputent à tort un nom ancien, celui de *Calagorris*, qui leur appartient par individis.

En effet, Martres était un faubourg en amont de la Garonne, auquel Saint-Vidian a donné son nom.

Cazères ou Carères ou *Casas-ire* ; Palaminy ou *Palàm-ire* étaient deux autres faubourgs en aval du fleuve. Entre ces deux extrémités, sur la rive gauche de la Garonne, les Romains avaient bâti la cité splendide et formidable de Calagorre. C'était la clef des pyrénées, et un rempart élevé contre toutes les invasions venues de la péninsule Ibérique ; car ils se souvenaient d'Annibal.

Or, ici, militent en faveur de mon opinion nouvelle, parce qu'elle est vraie, la voie romaine qui passait à côté de cette ville, jadis fameuse, sous les remparts de laquelle se donna le terrible combat dans les plaines de *Saint-Cizi*. Là, en effet, il suffit de gratter la terre pour mettre à découvert des ossements humains et des tombeaux de pierre.

Les traditions qui valent mieux que les histoires muettes ou mensongères la confirment.

Du reste, elles existent encore les deux sentinelles, toujours en faction, qui gardaient cette ville ; mais elles sont en guenilles, elles sont pétrifiées ; car jamais depuis douze

siècles on ne les a relevées : ce sont le château de Saint-
Michel et la Tour d'Ausseing.

Enfin, j'invoque encore ici le témoignage infaillible de
ces ruines magnifiques qui furent découvertes, il y a une
quarantaines d'années, à Martres, sur les bords de la rive
gauche de la Garonne. J'allai visiter ces merveilleux débris.
J'étais bien jeune alors, et pourtant, je n'ai pas oublié
l'impression que fit sur moi la vue de l'aire recouverte d'une
mosaïque dont le dessin était si varié et les couleurs si
fraîches. C'était là, sans doute, un temple superbe bâti par
les Romains au Dieu Mars, pour qu'il daignât protéger leurs
armes dans ces contrées belliqueuses et empêcher de passer tout ennemi de Rome ; le souvenir du Tésin, de la
Trébie, de Trasimène et de Cannes troublaient toujours le
sommeil de ces maîtres du monde. Ah ! ils avaient raison
de ne plus confier à *des oies* ou à de *mauvais généraux* qui
sont pire encore la garde du Capitole.

Ces mêmes Sarrasins ou Maures d'Espagne, après avoir
détruit cette ville prise d'assaut, et qu'ils ne voulaient
pas laisser sur leurs derrières, en cas d'échec, conti-
nuèrent à ravager le midi de la Gaule jusqu'à Poitiers,
sous la conduite d'Abdérame. Or, c'est dans les plaines,
entre Tours et Poitiers, que Charles-Martel ou Martin, fils
de Pépin-Héristal et de la belle Alpaïde, maire du palais,
les tailla en pièces, pendant toute une longue journée du
mois d'août 732.

Le récit que je viens de faire est le seul qui soit parfaitement conforme aux monuments de cette vieille époque,
aux traditions locales, que j'ai religieusement recueillies,
ainsi qu'à l'histoire bien comprise de ces temps reculés.

J'ai la douce confiance que mon sentiment sur ces ma-
tières sera embrassé par les hommes qui toujours critiquent
et apprécient les vieilles histoires que d'autres acceptent
comme un *credo*, parce que Leipsick, Genève ou Leyde les
imprima.

Montoussin et son vertueux château où est née une hé-
roïne, Mlle de Rabaudy. A Toulouse, par une noble alliance,

cette sainte et valeuresse châtelaine, devenue Mme de Cassan, aima mieux monter sur l'échafaud que mentir, en niant qu'elle eût envoyé des secours aux émigrés. Ah ! et puis qu'on dise que les Gascons sont des menteurs !

Castiés-Labrande, patrie trop inconnue d'un grand personnage pourtant, que nous avons tous chéri, l'aimable vicomte de Lapassé, ancien ambassadeur de Naples.

Lafitte, avec son château bienveillant et ses illustrations permanentes.

Saint-Elix, dont le château princier fut bâti par François Ier en l'honneur de je ne sais quelle Aspasie des bords de la Garonne. Ce roi chevaleresque écrivait un jour de Pavie à sa mère : *Madame, tout est perdu, fors l'honneur.* Ici, ce prince scandaleux, caché dans un coin de l'orangerie ou derrière les monumentales charmilles, aurait pu écrire à sa femme : *Madame, tout est sauvé, fors la fidélité conjugale !* Heureusement, que cette résidence splendide est tombée aujourd'hui en bonnes mains qui la réhabilitent.

Lavelanet, où mourut Caffarelli du Falga, commissaire extraordinaire du premier empire pour le midi de la France.

Le château ravissant de la Terrasse, appartenant aux marquis d'Hautpoul, dont le général exécuta, à la tête de dix milles hommes, à Austerlitz, la plus belle charge de cavalerie dont l'histoire fasse mention. Cette brillante manœuvre décida du sort de la bataille.

C'est là que mon père de nourrice, le brave Lantourville, ordonnance du général, s'aperçut après la chaleur de l'action qu'un boulet russe lui avait emporté un mollet, dont il s'est passé pendant soixante ans.

Le Midi se souvient encore du combat de la Terrasse du xxi thermidor an vii de la République française.

Carbonne, avait une consorte de huit prêtres, dont faisait partie l'abbé Capoul, prédicateur célèbre. Après quatre-vingt ans, la tradition du pays parle encore de lui comme d'une merveille oratoire : *Defunctus adhuc loquitur* ; il est mort et pourtant il parle encore.

Carbonne, est la patrie de Dupau, vrai général de génie,

auquel nous devons les forts de Paris , qui ont capitulé devant la famine et nullement devant le tuyaux de M. Krupp.

Il ne faut pas se figurer , en effet, que les Allemands
soient des héros. Ils ont triomphé à cause qu'ils n'ont rencontré que des Thersites. Ils sont entrés dans Paris parce
qu'on leur en a ouvert les portes ; et ils n'y ont laissé
d'autres traces de leur passage que celles dont les Harpies
jadis gratifièrent Phinée. Oui , il a fallu dix mille travail-
leurs nocturnes pour enlever les ordures de ces faméliques
et insatiables *Gargantuas*.

Marquefave, ancien camp romain de Marcus-Favius, qui
lui donna son nom.

Montaut, dont la belle église fut bâtie au XIIe siècle par
les largesses de Dodon , comte de Comminges. Ce temple
si ancien a été magnifiquement restauré par le curé actuel,
mon ami l'abbé Rouzés , malgré toutes les tribulations ,
les loups qui ont hurlé sans oser pourtant le mordre,
l'eau qui manquait pour son mortier et les balles qui
n'ont pas su l'atteindre.

Longages, s'enorgueillit toujours des ruines merveilleuses
de son royal prieuré.

Labastide-des-Feuillants montre encore avec respect les
saintes décombres de sa riche abbaye. C'est dans ce magnifique couvent, dont deux fois j'ai admiré, la larme à l'œil,
les nobles ruines , qu'en 1577, le bienheureux Jean-de-la
Barrière, abbé commendataire , opéra la célèbre réforme
de l'ordre de Saint-Bernard. C'est donc de cette maison-
mère que partirent les vertus et les règles qui renouve-
lèrent une antique congrégation abaissée.

L'abbaye des Feuillants fut fondée en 1145. En latin, elle
portait le nom gracieux de *Fulium* , à cause du bois touffu
au milieu duquel elle fut construite.

Gaillac-Toulza ou Toubra, possédait une superbe abbaye
royale de Citeaux fondée en 1147. Elle se nommait *Calers*,
à cause du ruisseau sur les bords duquel on l'avait éta-
blie.

Mauzac était le dernier clocher au nord du diocèse de

Rieux. C'est mon ancienne paroisse. Quand j'y arrivai, je trouvai dans la sacristie quelques feuilles volantes du Missel, du Rituel et des livres de chant, *secundùm ritum rivensèm*. Je m'empressai de tout mettre à l'ordonnance. Les murs intérieurs de son église sont recouverts de lambris de bois de chêne, dont deux panneaux parallèles portent chacun un écusson qui est un vrai chef-d'œuvre. Cette boiserie a été donnée par un de mes oncles, l'abbé Latour de Lorda, mort curé de Mauzac en 1788. Son presbytère, qui est splendide, est encore un don de ce pasteur généreux.

Ce village était autrefois un bourg fortifié. Aujourd'hui, un des quatre murs d'une vieille tour forme la clôture granitique du côté du sud d'une étable à bœufs. J'ai vu de mes propres yeux cette vedette insurprenable des anciens temps, immobile à son poste de faction, qui semblait garder encore la rive droite de la Garonne. Ce monument précieux a été démoli, il y a quarante-cinq ans ; par un autre vandale indigène. Les matériaux furent vendus pour acheter une cruche et un mouchoir qui devaient servir aux amusements publics de l'Invention de Saint-Etienne, jour de la fête locale du village. Ce vase d'honneur était destiné à être suspendu aux branches des deux beaux ormeaux de l'Esplanade, afin d'être cassé par une villageoise dont les yeux étaient bandés. Le mouchoir était le prix de l'heureuse casseuse.

Sur la rive gauche, il existe encore un château ayant appartenu à l'ordre de Malte. Cette construction massive est remarquable par la symétrie des cailloux de la Garonne, qui forment ses assises. Elle est bâtie sur plusieurs voûtes magnifiques, superposées. La tradition locale affirme qu'un de ces cintres superbes, dont on a laissé les décombres des siècles boucher l'orifice, forme un tunnel sous-fluvial qui traverse la rivière. Je n'y contredis pas ; car tout est possible à Dieu et aux Templiers.

Dans les champs qui entourent cet antique château, à l'architecture bizarre, au nord, le long du fleuve, il y a vingt ans à peine, le soc de la charrue découvrait des fondements d'une épaisseur prodigieuse, qui indiquaient un mur d'enceinte formidable. Ah ! de la gloire, la France en a partout, jusque même sous terre, et il suffit de remuer le sol pour que chaque coup de pioche en soulève un éclat !

Le diocèse de Rieux avait trois archiprêtrés : Saverdun, nommé l'archiprêtré de la montagne; Fousseret, appelé l'archiprêtré de la plaine, et Latrape, dit archiprêtré du Terre-Fort.

Il comptait 103 paroisses, 35 annexes, 7,185 feux et 120 familles de gentilshommes.

Or, à une époque où la France avait 136 diocèses, dont 18 archevêchés et 118 évêchés, Rieux était encore un des grands et des beaux diocèses de la glorieuse Eglise gallicane.

Fousseret est le berceau de l'abbé Sicard, le second de cette majestueuse série de prêtres qui ont été les bienfaiteurs de cette portion si intéressante de la société et si cruellement déshéritée par la nature.

L'abbé de l'Epée, né à Versailles en 1712, et mort à Paris en 1789, est le premier qui, en France, ait fait parler les muets.

Le second, l'abbé Sicard, naquit au Fousseret l'an 1742, et mourut à Paris l'année 1822. Il devint célèbre dans le monde entier ; il agrandit la méthode de son prédécesseur; il perfectionna un art inventé deux siècles avant lui, qui consiste à rendre aux muets une parole distincte, mais dont le son est atroce.

Le troisième est l'abbé Chazotte, l'homme le plus habile qui ait paru pour parler le langage mimique.

Le quatrième, c'est mon aimable compatriote, l'abbé Catala. C'est lui qui a dirigé les constructions de l'établissement des Sourds-Muets de Toulouse, que le bien-aimé Monseigneur Mioland payait avec tant de générosité.

Enfin, le cinquième et le dernier, c'est mon ami le si intelligent abbé Duhagon.

Il est donc vrai que c'est toujours la religion qui fera parler les muets, entendre les sourds, voir les aveugles et marcher les boiteux de toute qualité !!!

C'est ainsi que dans ce célèbre diocèse de Rieux, la religion catholique avait pourvu avec une munificence divine
au bien spirituel de ses enfants chéris, de ses citoyens pas-
sagers de la terre qui cherchent ici-bas leur cité perma-
nente : *manentem civitatem*. Indépendamment de ces cinq
abbayes royales pour les hommes , il possédait encore un
couvent à Marquefave , un à la Grâce-Dieu , un à Lissac ,
deux à Rieux, un à Cazères, un à Saverdun.

Le lot pour la clôture des femmes était splendide ;
l'Église avait fourni à leur piété des ressources copieuses.

Campagne était dotée d'un admirable monastère de religieuses , fondé, disent les traditions locales , il y a mille
ans , vers l'année 770. Il se nommait *Porte-Cluse*. Les ruines qui subsistent encore s'appellent vulgairement : *les Mon-
ges*. J'ai fait des recherches incroyables pour découvrir à
quel ordre appartenait cette sainte maison ; elles n'ont point
abouti.

Elles avaient encore le couvent des Salenques, fondé par
Gaston Ier , comte de Foix , vers 1325, dans la paroisse de
les Bordes.

Enfin , le sexe pieux de ce magnifique diocèse possédait
Valnègre , *Vallis-Nigra*, abbaye de Citeaux , détachée de
Bolbone en 1206. Et quand , pour des raisons majeures , ce
monastère, l'année 1432 , retourna à la maison-mère , la
vertu des femmes ne demeura pas sans asile. Le diocèse de
Rieux avait déjà depuis 1198 le prieuré splendide de Longages , dont je parlerai bientôt , à l'occasion de sa dernière
prieure , ma tante, Madame Latour de Saint-Léon.

Vingt ans après celui de Longages, en 1218, fut fondé le
prieuré de Sainte-Croix. Les ruines de ce beau monastère existent encore; mais la chapelle, au lieu de servir d'église paroissiale , n'est qu'une ignoble grange. Ces couvents , de
l'ordre de Fontrevault , se recrutaient d'ailleurs parmi les
princesses et les filles cadettes de bonne maison. C'est ainsi
que lorsque la tourmente révolutionnaire chassa ces saintes
religieuses de leur cloître profané de Sainte-Croix, la noble
demoiselle de Roquemaurel trouva un asile, avec quelques

unes de ses pieuses compagnes, dans un château antique qui, depuis des siècles, appartient à la digne famille de Maribail. Ce vieux manoir porte, du reste, un nom vraiment monacal; car il s'appelle Guilhem-Luc. Ces augustes proscrites du riche couvent ne pouvaient donc se réfugier que là.

Du reste, il n'existe pas dans ce beau diocèse de Rieux un seul mamelon tant soit peu escarpé qui n'offre au regard du touriste étonné les ruines menaçantes d'un vieux château-fort détruit. C'étaient là des citadelles inexpugnables que les aigles respectueuses de César et de Pompée, jadis saluèrent en passant, des aires inaccessibles qu'habitaient, bardés de fer, les fiers barons du moyen âge. C'est là que la France avait placé, sous la garde des aigles et des foudres, ses vieux titres de noblesse : noblesse d'épée, bien entendu ! Ah ! pourquoi faut-il que des lâches, comme jamais la terre n'en connut, aient émoussé la pointe de cette noble épée ? Mais, allons ! courage ! bientôt, *un autre* viendra qui aiguisera cette épée. Alors, malheur ! trois fois malheur au téméraire qui se trouvera au bout de cette épée, dont la pointe, alors enfin, sera parfaitement refaite.

Je suis entré dans le diocèse de Rieux par Noé : j'en sors par la même porte. Or, Noé, aujourd'hui, est une commune rurale de 954 habitants.

Pour le civil, il est canton de Carbonne, arrondissement de Muret, département de la Haute-Garonne.

Pour le spirituel, la paroisse ou la succursale Saint-Martin de Noé est du doyenné de Carbonne, archiprêtré de Muret, diocèse de Toulouse.

Enfin, pour clore l'article qui concerne les notions préliminaires, j'ajouterai ici que la fortune territoriale de la famille Latour, de Noé, était immense, comme on va en juger. Elle était divisée en cinq branches ; et pourtant mon grand-père, le dernier de quatorze enfants de la branche aînée, et à ce titre le plus mal partagé, avait, en 1790, huit mille livres de rente, qui en représentaient alors vingt-cinq mille d'aujourd'hui.

Et cependant, par une fatalité inexplicable, sans Dieu, tous les membres de cette opulente famille sont morts pauvres. Or, ce fait étrange me console; Dieu, qui est souverainement juste, a dépouillé des hommes religieux et probres de la fortune périssable de l'exil, pour les enrichir certainement des biens inaliénables de la patrie !

Ce préambule m'a semblé indispensable; le lecteur aime à connaître le terrain sur lequel il marche. D'ailleurs, ces notions sont inédites; car personne avant moi n'avait pris la peine d'aller, comme un frère quêteur de la science, mendier de village en village les traditions locales qui sont certaines comme un dogme et pittoresques comme une merveilleuse légende.

CHAPITRE II.

Latour Gabriel I ou mon trisaïeul.

Afin de ne pas remonter au déluge, pour ne pas forcer mes complaisants lecteurs à trop lever la tête quand ils voudront découvrir les degrés les plus élevés de ma parenté ; afin de ne pas les fatiguer par la contemplation du vieux tronc, plusieurs fois séculaire, de mon arbre généalogique, je m'arrêterai, sur la ligne ascendante, au point où je rencontre mon trisaïeul, premier de mes ancêtres reculés, sur le compte duquel j'ai pu réunir des notes et des souvenirs positifs.

Or, ce chef, relativement à moi, de la cinquième génération supérieure, naquit à Noé l'an 1680.

Mon trisaïeul n'est pas un produit merveilleux de la génération spontanée ; il n'est pas, comme Melchisédech, sans père et sans mère : lui aussi a eu deux auteurs de sa naissance. Mais ce que les traditions locales et mes parents m'ont appris sur la vraie et première souche dont je descends est trop glorieux pour que j'en parle ; je suis prêtre, on aurait raison de blâmer ici mes révélations, tandis que je suis sûr qu'on approuvera mon silence.

On a dit de Louis XIII que pour occuper une grande place dans l'Histoire de France, il n'avait pas eu besoin de posséder une grande valeur personnelle ; qu'il lui avait suffi d'avoir eu l'honneur d'être le fils de Henri IV et le père de Louis XIV.

Or, mon troisième aïeul était de bonne race, et il donna naissance à cinq fils qui rappellent par leur nombre, leurs vertus et leur vaillance, les cinq fils de Mathathias et toutes les traditions de cette grande famille des Asmonéens.

Gabriel Latour, premier pour moi, ancienne souche, non pas première, mais la seule qui me soit parfaitement connue, de ma famille personnelle et de tous les Latour de Noé, autrefois baronnie, se maria deux fois. De ses deux épouses légitimes, il eut douze enfants : sept filles et cinq fils. En s'établissant, six quittèrent leur pays ; c'est à peine si j'ai pu découvrir leurs traces. Aussi, je n'en parle pas, pour ne pas m'exposer à écrire des choses inexactes. La septième, au contraire, m'est parfaitement connue. Cette vieille tante, avant la Révolution, était Abbesse d'un beau monastère, à Boulaur, département du Gers, arrondissement et diocèse d'Auch.

Cette riche abbaye fut vendue comme bien national. Le Parisien qui l'acheta la revendit fort gracieusement, moyennant un gros bénéfice. Ma tante donc, après la Révolution, racheta son propre bien à ce complaisant propriétaire, de ses propres deniers. Voilà comment elle rentra dans ce beau monastère, qui lui était doublement cher. C'est là qu'elle est morte en décembre 1837 de la mort des saintes femmes, propriétaire et supérieure d'un cloître qu'elle légua à la communauté.

Inutile de constater ici que ma famille respecta ce testament pie et des dispositions saintes qui pourtant amoindrissaient grandement sa fortune.

Mon trisaïeul eut aussi cinq fils : Gabriel Latour second, ou l'aîné, mon bisaïeul, ou bien le père de mon grand-père ; l'abbé Latour, le curé de Noé ; Latour, le professeur de médecine ; l'abbé de la Tour, le martyr ; enfin, Latour le jeune, ou Latour de Monsinat.

Ces cinq Latour sont donc les chefs des cinq branches de ma famille Latour, de Noé.

C'est de ces cinq Latour dont je vais d'abord faire l'histoire. J'écrirai ensuite celles d'une tante, d'un oncle, de mon grand-père et d'un cousin.

Voilà donc les héros bien-aimés des neuf biographies qui vont suivre.

Les matériaux que j'emploierai, pour édifier tous ces monuments de famille, ont été empruntés à l'histoire et à des traditions locales beaucoup plus sûres, infiniment plus impartiales que l'histoire elle-même.

On comprend, d'ailleurs, que je ne puisse fournir ici aucun détail sur la vie de ce personnage si ancien. Ses actes n'étaient pas du domaine de l'histoire ; le village n'a pas de feuille officielle, et les traditions locales qui transmettent les actes accomplis dans l'intérieur du foyer domestique s'éteignent toujours après avoir traversé un siècle. Les échos de Noé et de ma maison paternelle n'ont pu fournir à ma mémoire et à mes cahiers que les faits les plus saillants d'une existence dont le commencement remonte déjà à cent quatre-vingt-onze ans.

On peut néanmoins affirmer, avec une certitude complète, de cet ancêtre vénéré des choses identiques à celles que tous nos anciens livres inspirés disent des premiers patriarches : après avoir engendré des fils et des filles, il mourut l'an 1765 d'une mort précieuse devant le Seigneur, comme celle de ces antiques serviteurs du Dieu créateur, dont la vie avait été constamment le modèle de la sienne. Oui sa vie et sa mort furent vraiment patriarcales, et c'est avec bonheur que je regarde la source presque biblique de mon sang.

Je termine ma première Notice par une réflexion bien franche : je suis sorti de Dieu, et j'espère bien y retourner. Dans ces dispositions, on comprend que je me préoccupe infiniment peu des étapes intermédiaires qui séparent les deux bouts de mon pèlerinage. Donc, sur les questions généalogiques, mon témoignage ne peut être suspect. Or, je connais l'orthographe du nom de tous les Latour du Midi. Pendant quarante ans, j'ai écouté sans parti-pris le bruit qui se faisait autour de ce nom si sonore. Tous ceux qui le portaient ont rayonné un peu partout, disant ou laissant dire modestement qu'ils descendaient de la cuisse de Jupiter. Or, il n'est pas douteux pour moi que les Latour du pays descendent tous d'un Latour de Noé, lequel, comme l'indique son nom, était un homme de guerre, mais de guerre du vieux temps. Cependant, les hommes de guerre d'autrefois étaient des soldats, non pas amateurs, mais artistes, auxquels les noms : capituler, se rendre, fuir, reculer, avoir peur, trahir et autres de ce genre, étaient entièrement inconnus. Sur le champ de bataille, ils tuaient l'ennemi, ou l'ennemi les tuait. C'est ainsi qu'ils entendaient leur métier ; car ils étaient de *vrais soldats*. Donc, que mes homonymes se consolent, si nous sommes tous frères en Latour de Noé ; il valait bien Jupiter, qui n'était qu'un vaurien.

CHAPITRE III.

Latour Gabriel II ou mon bisaïeul.

Ce Latour, au foyer domestique, se nommait l'*aîné*, à cause qu'il était le Ruben de cette famille aux mœurs simples et primitives.

Né à Noé l'an 1745, on pourrait lui appliquer l'oraison funèbre que le malicieux Cormenin dans son livre des Orateurs prononçait invariablement sur la tombe des Pairs de Louis-Philippe recommandables par la perfection de leur nullité complète, quand il disait avec une incomparable ironie : « Il est mort après avoir vécu. » Oui, mon deuxième aïeul mourut, lui aussi, après avoir vécu, mais vécu d'une vie glorieuse pour la terre et pour les cieux. Il eut quatorze enfants : dix fils et quatre filles. Il consacra sa longue et paisible existence à exploiter ses vastes domaines ; il fallait bien en retirer les revenus nécessaires pour donner à sa nombreuse progéniture une éducation chrétienne et une instruction complète ; et leur procurer un établissement brillant et honorable.

Quand on songe, en effet, à la négligence coupable avec laquelle les parents d'ordinaire, s'acquittent aujourd'hui d'un devoir, pour eux si consolant et si sacré, Latour l'aîné, qui le remplit avec une fidélité irréprochable, est non-seulement un homme *illustre*, un grand homme, mais mieux que tout cela, un homme parfait. On peut lui appliquer rigoureusement la formule vulgaire à cause qu'elle est sublime, et dire de lui aussi : qu'il fut bon fils, bon époux et bon père. Homère aurait affirmé qu'un tel homme était semblable aux Dieux immortels.

Il est écrit que le grand Newton se découvrait quand il prononçait le saint nom de Dieu. Je n'ai jamais entendu mon aïeul articuler celui de son auguste père, pour lequel il professait un culte parfait d'adoration filiale, que la larme à l'œil et chapeau bas. Ce saint vieillard mourut en 1790.

CHAPITRE IV.

Latour Gabriel, le Curé de Noé.

Le curé Latour, naquit à Noé le 1er septembre l'an 1718.

Pour se conformer aux mœurs de l'époque, comme il était cadet de bonne famille, il fallait qu'il fut prêtre ou soldat. Heureusement que le Ciel lui avait donné la vocation pour être prêtre et bon prêtre. Envoyé jeune encore au collége de l'Esquile de Toulouse pour y faire ses classes, il ne quitta cette Athènes du Midi, qu'après avoir brillamment conquis les grades de docteur en théologie et aussi *in utroque jure*, c'est-à-dire ceux de docteur en droit canon et en droit civil.

A peine rentré au foyer domestique, chargé de cette triple palme universitaire, la cure de Noé devint vacante par la mort de son vieux et digne titulaire.

L'abbé Latour était le candidat naturel à un poste pour lui si relativement convenable. Il se trouvait d'ailleurs gradué *nommé*, mais non pas *requérant ;* car il n'était pas d'une race de solliciteurs et d'importuns. Il se posa donc comme gradué *expectant*. Oui, il attendait son tour officiel d'arriver. En effet, Toulouse était alors une des douze universités *fameuses* de France. A ce titre, elle jouissait du privilége de désigner ses gradués aux collateurs des bénéfices par des lettres de nomination. Par cette insertion sur la liste des gradués universitaires privilégiés, le collateur des bénéfices devait pourvoir du premier bénéfice vacant dans les mois de rigueur pour la nomination, ou dans ceux d'avril et d'octobre, mois de faveur pendant lesquels le concordat permettait aux collateurs de conférer aux gradués, dûment qualifiés, les bénéfices dont ils voulaient les gratifier.

Son triple doctorat, dont il avait la science; son éminente piété; la haute position de sa famille imposaient au choix de l'évêque de Rieux l'abbé Latour pour la cure de Noé. Aussi, Monseigneur Alexandre de Jouanne de Sauméry s'empressa-t-il de le nommer curé de Noé en octobre 1743.

Ce prélat de noble race était prévôt du chapitre de Rieux quand il parvint à la mitre. Il connaissait donc depuis longtemps le jeune prêtre trois fois docteur. En faisant cette nomination, il accomplissait un acte de sage et juste administration; puisqu'il mettait la main sur un sujet qui lui offrait des garanties de piété, de savoir et de cette haute influence que donnent la noblesse, la fortune et l'entourage d'une grande famille. L'abbé Latour obtint donc ce précieux bénéfice non par caprice de faveur, mais par droit de conquête; par l'évidence de son mérite, et non point par le privilége d'une grâce épiscopale. Je tenais à constater, a l'honneur de mon oncle, qu'il était entré dans son arche de Noé intelligent et fier, et non point médiocre et rampant. Mon grand-père m'a souvent répété que lorsque ses amis conseillaient à son oncle de solliciter la mitre, sûr qu'il était de l'obtenir, il répondait sans cesse, de son ton le plus solennel : « La mendicité est formellement interdite dans l'Eglise; on ne peut y quêter que pour le service divin et les âmes du purgatoire. En dehors de ces deux œuvres, j'aurais peur d'être pris pour Héliodore et fouetté comme lui. » Nobles paroles! sublime morale!

Son supérieur, du reste, lui adressa des lettres de provision excessivement flatteuses : c'était justice.

Le nouveau curé de Noé prouva bientôt qu'il était digne de la brillante promotion dont il venait d'être l'objet préféré pendant le mois d'avril, encore qu'il eût à peine atteint l'âge requis par les saints Canons pour obtenir une telle dignité ecclésiastique.

C'est donc bien à lui qu'on peut appliquer ici ces deux vers devenus proverbe :

> Dans les âmes bien nées,
> La valeur n'attend pas le nombre des années.

De suite, il s'affirma comme le bon pasteur ; il éclaira son troupeau par ses lumières, il l'édifia par ses vertus, il l'enrichit par ses aumônes. Pourvu d'une cure très-riche, doté d'un patrimoine abondant, il donnait le superflu aux pauvres de sa chère paroisse. Or, homme simple et modeste, il se contentait de peu : aussi, le superflu, chez lui, c'était à peu près tout. C'est pour cela que le 15 août 1790, il mourut en odeur de sainteté. Sa mort précieuse devant Dieu, fut encore sur la terre un jour de deuil public.

En présence du trépas d'un tel pasteur, son troupeau se montra inconsolable. Tous les prêtres du diocèse accoururent pleurer sur la tombe d'un confrère qui, pendant quarante-sept ans, fut leur ami, leur conseil, leur directeur et leur modèle. Quoiqu'il souffrît alors d'une cruelle maladie, Monseigneur le comte de Lastic écrivit à la famille Latour, désolée, une lettre admirable de condoléance et de consolation. Or, la douce mémoire de ce saint prêtre n'a pas encore péri. Enfant, j'ai vu, pendant bien des années, le jour de la Fête des Morts, les anciens du village, les vieilles brebis du Pasteur endormi du sommeil des prédestinés, agenouillés sur la vaste pierre qui recouvre les reliques vénérées *du bienheureux Monsieur Latour*, non pas pour prier pour lui, mais bien pour le prier de prier pour eux ! ! ! ! !

Oncle chéri, vénérable et vraiment *illustre et immortel*, vous, vous fûtes un saint, et moi, je ne le suis pas, hélas ! Si pourtant, depuis le 17 décembre 1842, jour heureux de mon ordination, j'ai toujours mené une vie sacerdotale et régulière, exempte de ces défaillances apparentes et publiques qui, scandalisent les peuples, je le dois, j'en suis sûr, à votre sainte et tendre protection.

Louis Racine, fils du grand tragique, se fit peindre, un jour, les *Œuvres* de son illustre père à la main, le regard fixé sur ce vers de Phèdre :

> Et moi, fils inconnu d'un si glorieux père.

Retraçant ici, à l'aide de mes innombrables souvenirs, les vertus de mon parent bien-aimé, je suis forcé de dire à moi-même :

« Et moi, indigne neveu d'un oncle toujours si digne. »

Après cela, on comprendra que mon cœur s'écrie :

Bon pasteur, oh ! je vous en supplie, protégez-moi plus fortement encore ; gardez-moi bien cette place à côté de vous, la seule que j'envie, et pour laquelle je cabale, cette place que votre bienveillance sollicite sans cesse du grand Roi, auquel vous avez le permanent bonheur de faire une éternelle cour ; oui, cette place dans la cité céleste, où tous les *citoyens* sont vraiment souverains, où tous sont rois pour une éternité !

Noé, du reste, a toujours joui du précieux privilége de posséder des curés distingués dans leur genre respectif. M. de Blandinières, qui remplaça immédiatement mon oncle, était un vrai type de distinction et de noblesse. Il avait pour moi, qu'il avait vu naître, une tendresse incomparable, mais qu'expliquait mon nom et ma parenté avec son illustre prédécesseur. Après lui, vint M. Petit, mort naguère chanoine titulaire ; il était le modèle accompli du bon prêtre. M. Duclos, aujourd'hui encore curé de Noé depuis quarante-cinq ans, a soutenu pendant son long ministère des luttes gigantesques avec le château, pour procurer à son église des bas-côtés nécessaires et une dimension suffisante à l'édifice sacré pour contenir ses nombreux fidèles. Or, ce rude lutteur, après avoir combattu vaillamment, a vaincu sur toute la ligne de bataille, pourtant bien longue et partout animée.

L'abbé Duclos a guerroyé aussi avec plusieurs municipalités, systématiquement récalcitrantes et hostiles, pour faire vendre des communaux improductifs et inutiles, pour prendre sur une voie publique beaucoup trop large, afin de doter le village d'un clocher digne de sa réelle importance ; et le *Néhémie* de Noé n'a certainement pas oublié de quel Artaxerxès *longue-main* de la commune lui vint alors le secours efficace contre les ennemis officiels et puissants de ses travaux, commencés sur des bases trop étroites, qui auraient fait ressembler le beau clocher de Noé à un flageolet de briques.

Cette heureuse intervention lui permit enfin de poser des fondements insuffisants encore, mais pourtant infiniment plus convenables que ceux que lui avait imposés une municipalité hostile à tout ce qui venait de lui.

CHAPITRE V.

Latour Thomas ou le Professeur de médecine.

Mon trisaïeul, qui voulait avoir autour de lui des prêtres, des militaires, des médecins et des avocats, envoya Thomas, né l'an 1720, étudier la médecine à Montpellier et y prendre son grade de docteur.

Il suivit pendant cinq ans les cours de cette célèbre école avec une application sans pareille, et conquit à la fin de la cinquième année le bonnet doctoral avec une distinction qui commençait à passer dans ma famille à l'état d'habitude.

Après avoir quitté la noble Faculté, le jeune docteur vint se fixer à Noé, où il exerça son art avec renom et grand bonheur. Son père, tout fier de la gloire naissante de son cher Hippocrate, trouva que sa petite ville natale était un théâtre, non pas précisément indigne, mais beaucoup trop étroit pour ses talents médicaux, d'ailleurs très-réels. C'est pour cela qu'une chaire étant devenue vacante à la Faculté de médecine de Toulouse, le père exigea que son fils se présentât au concours pour en disputer l'occupation. Alors les enfants étaient encore dociles aux volontés de leurs pères. Il obéit donc : son obéissance lui procura une victoire éclatante. Il emporta cette chaire d'emblée, l'an 1750.

Il enseigna avec distinction jusqu'au jour où l'ouragan révolutionnaire emporta, et professeurs en exercice, et nom-

breux portraits de tous leurs prédécesseurs , et les archives
même de cette noble et utile Faculté , que le procureur ou
le chef des nations , quand il parlait aux assemblées publiques , appelait : *Saluberrima medicorum Facultas*. La terreur
n'avait que faire-des médecins ; les coupures que pratique
la guillotine sont toujours incurables !

En mars 1863 , quand je créai l'*Illustration du Midi*, je mis
dans mon programme la loi invariable d'écrire dans chaque
numéro hebdomadaire de mon infortunée *Revue* la biographie d'un homme illustre, né sur un point heureux de cette
belle France , que le soleil du bon Dieu éclaire de ses rayons
les plus éclatants et féconde de ses ardeurs les plus chaudes;
de ce beau Midi, où la lune vaut mieux que le soleil des
trois quarts des peuples de la terre. Cette publication naissante, que m'avait fait fonder la nécessité de procurer du
travail à des artistes éminents qui en manquaient absolument, et lesquels, par suite, n'avaient seulement pas du pain
pour eux et leurs familles ; oui, cette œuvre humanitaire méritait la vie éternelle. Je l'avais placée sur cette voie par les
hautes sympathies que je lui avais données pour marraines.
Elle fut cependant occise bientôt après par une paire de mes
confrères, mais fort innocemment sans doute, car ils n'avaient
pas une seule étincelle de cette vocation spéciale, requise
pourtant pour le rude métier de publiciste périodique. On
peut être très-fort pour aligner quatorze vers dans un Sonnet
dédié à Pandore, à Flore ou à Isaure , sans savoir écrire
trois mots qui aillent aux blasées et aux blasés des salons
plus ou moins aristocratiques de notre chère Gascogne.

Francis Lacombe et quatre autres princes de la science
et des lettres de la capitale, tous de ses meilleurs amis,
parfaitement initiés à tous les secrets de mes philantropi-
ques intentions, tenaient à honneur d'être mes collabora-
teurs pour participer à une bonne œuvre en faveur d'artistes
qu'ils aimaient. Ils voulaient aussi m'aider à dégager ma res-
ponsabilité envers des bailleurs de fonds assez généreux pour
mettre leurs bourses à ma disposition, sans autres garanties que mon honneur et ma plume.

Ces hommes bienveillants étaient sûrs du succès colossal
de ma création, parce qu'elle répondait à un besoin réel
du pays; succès qui venait d'ailleurs de s'affirmer par trois
mille abonnés dans la première semaine que parut ma feuille
magnifiquement illustrée par quatre graveurs sur bois de
première force, qu'à mes frais j'avais fait venir de Paris, et
qui travaillaient sous la direction de Chambaron, un des
artistes les plus distingués de France dans l'art de la gravure.

Tous ces hommes de lettres m'écrivirent pour me recom-
mander de placer Thomas Latour l'un des premiers dans
ma galerie des portraits, de lui assigner une haute place
dans ma salle des *Illustres*. Ils croyaient donc le voir figurer
le troisième à la tête de la colonne des grands hommes dans
ma revue d'honneur, l'entendre répondre à l'appel des cé-
lébrités mes compatriotes après le Maréchal Niel, de Muret,
et Monseigneur Desprez archevêque de Toulouse.

Ils avaient peut-être raison ces Parisiens distingués; après
la guerre qui fait les blessures, après la religion qui les
panse, doit venir la médecine qui les guérit : *Saluberrima
medicorum facultas.* Ils poussèrent la munificence de leur
collaboration future, jusqu'à m'offrir les matériaux nécessaires pour composer l'histoire de celui qu'ils appelaient
l'*illustre professeur à la Faculté d'Esculape.* Je fus alors assez
barbare pour rebuter ces gracieuses avances, à cause que
l'éminent docteur était mon parent et qu'il portait mon nom.
Or, les raisons qui me firent refuser dans cette circonstance
d'accepter ces précieux éléments presque hagiographiques,
me font aujourd'hui vivement regretter de ne point les posséder dans mes notes diverses. Etais-je trop modeste à cette
époque? Ne le suis-je pas assez maintenant? Je l'ignore!
Ce qui est certain, ce qui d'ailleurs saute aux yeux de mes
lecteurs, scandalisés peut-être, c'est que mes dispositions
sur ce point sont complétement changées. Je serais, à l'heure
présente, bien malheureux et bien confus s'il ne m'était
permis d'invoquer des circonstances fort atténuantes en faveur de mon orgueilleuse peccadille. Heureusement que
Guizot a dit : « L'homme absurde est celui qui ne change

jamais. » Or, j'ai changé ; donc je ne suis pas absurde. Ah ! j'aime Guizot, quoiqu'il soit protestant. Je prierai le bon Dieu pour lui, afin qu'il le convertisse ; pourtant je le prierai, non à cause qu'il a fait les mariages espagnols, mais bien parce qu'il a écrit à mon intention une maxime, laquelle justifie et innocente mes évolutions littéraires.

Thomas Latour mourut en 1795. Son fils s'en alla dans les îles parce qu'il crut que la Faculté, très-incorruptible néanmoins : *Saluberrima medicorum facultas,* lui avait fait un passe-droit en lui refusant la chaire de son *illustre* père, qu'il avait ou qu'il croyait du moins avoir méritée au concours, pour l'adjuger au docteur *Cabiran.* Voilà comment j'ai eu, ou j'ai peut-être encore, un oncle en Amérique : *Videbimus infrà !*

CHAPITRE VI.

L'abbé de la Tour, le Martyr.

L'abbé Gabriel-François de la Tour, le martyr, naquit à Noé le 25 décembre 1749, à une heure du matin. Il était, en effet, convenable que cet heureux enfant, prédestiné à mourir martyr, cédât le pas au moment de son entrée dans le monde à cet autre petit enfant divin, qui naissait presque à la même heure, et qui devait être un jour le roi et la force des martyrs. Il reçut à son baptême le prénom de *Gabriel*, que lui donna le curé de Noé son frère et son parrain. Il transmit lui-même ce prénom auguste et cher à mon grand-père son filleul. Mon aïeul, qui fut aussi mon parrain, me l'imposa comme le premier et le plus intime de tous mes prénoms. Elle est donc sacrée, elle est donc sainte l'origine d'où il sort. Fasse le ciel que jamais je n'en ternisse la céleste splendeur !

Au moment d'écrire la biographie de cet abbé de la Tour, je n'ai besoin d'invoquer ni la muse ni l'ange de l'histoire : la source de mon inspiration coule de plus haut. Je ne chante pas un grand homme ; je chante un martyr. Je puis donc m'écrier ici :

Jésus, force des martyrs, ayez pitié de moi ;

Gabriel, martyr, priez pour moi ;

Jésus, Gabriel, je vous implore !

Et moi, neveu de ces *deux grands-prêtres* : *Nepotes sacerdotum illorum*, en trempant ma plume dans le sang de l'a-

4

gneau du ciel, et dans celui de la terre, j'use d'un droit transmis par la nature à titre d'héritage. Aujourd'hui, fier comme saint Paul, je puis, ainsi que ce grand citoyen romain, m'écrier : *Civis.... sanctorum ego.... natus sum;* je suis par ma naissance citoyen de la même cité que ces deux saints.

En touchant à l'abbé de la Tour, je place ma main sur la perle et la gloire la plus pure de ma famille : perle dont les feux brillent sur la terre d'un éclat immortel, et resplendissent dans les cieux d'une éternelle lumière. Oui, ce saint abbé tient dans sa main incorruptible *les palmes de l'immortalité* véritable.

L'abbé de la Tour, en effet, est plus qu'un grand homme, plus qu'un mortel *illustre*, plus qu'un personnage célèbre, plus qu'un héros fameux ; oui, il est plus que tout cela, lui ! car il est un saint et plus même qu'un saint ordinaire ; il est un saint *illustre* : l'abbé de la Tour est un martyr ! Il fit au grand séminaire de Rieux de fortes études ecclésiastiques ; aussi fut-il le plus grand prédicateur, le plus célèbre orateur de son époque dans le Midi de la France. Il était à Toulouse ce que l'abbé de Lafage fut à Paris.

Tous les anciens du pays, qui l'avaient mille fois entendu, m'ont dit qu'il avait de la tête, du cœur, de la voix, du geste, de la jeunesse, bonne mine et le feu sacré. Riche par son patrimoine, fier de son nom, il n'acceptait pas d'honoraires pour ses magnifiques sermons. Il ne voulait qu'une bonne nourriture et un logement confortable. Se contentant de cela, il lui semblait qu'il prêchait doublement pour la gloire de Dieu.

J'abandonne à ce point tous les détails édifiants de sa carrière apostolique, qui fut l'unique de sa vie, hélas ! trop tôt finie.

Il accepta, il est vrai, le titre de vicaire de la paroisse de Noé ; mais ce fut uniquement pour éviter à son frère le curé le désagrément d'en avoir un autre, et puis pour ne pas poser aux yeux de monde en déclassé du sanctuaire. Il était prédicateur sans appartenir à un ordre religieux quelconque ; il était prêtre séculier, à une époque peu complaisante, où le titre élastique de missionnaire apostolique n'avait pas été encore inventé pour classer canoniquement, mais hélas aussi très-réellement la misère et trop souvent, dit-on, l'inutilité et le désœuvrement de jeunes ecclésiastiques bons pourtant à quelque chose !

Si je restitue au seul abbé de la Tour le titre patronymique de ma noble famille, c'est parce qu'il est le descendant le plus *illustre* de mon ancienne race, et qu'il n'est au monde aucun nom, aucun titre trop augustes pour désigner et qualifier un martyr. Mais laissons ces vains hochets, qui, semblables à des lambeaux de pourpre, cachent la misère de notre trop réel néant ; quittons ces titres, lesquels, comme le dit majestueusement Bossuet : « passent dans un moment à nos tombeaux. »

Ecrivons du sérieux. Occupons-nous des apprêts du martyre.

Le saint Curé Latour, vient de descendre dans la tombe, son frère et son vicaire, le candidat au martyre ne veut pas laisser le troupeau de Noé, exposé sans pasteur, donc sans défense, à la fureur des loups qui rôdent, affamés et nombreux, autour d'une bergerie qu'il aime tendrement.

L'intrépide fiancé de la guillotine n'a pas prêté serment à *la constitution civile du clergé ;* serment qu'on appelait alors le serment de *liberté-égalité.* Il sait qu'il faut partir pour la terre étrangère, ou vivre en sa patrie avec la perspective continuelle de porter sa tête sur le fatal trapèze, toujours *en permanence* pour ne point en manquer une seule.

Prêtre rempli de foi ; au cœur dévoré par le zèle pour le salut des âmes ; bon pasteur, il ne peut fuir comme le mercenaire, à la vue des tigres révolutionnaires qui déjà rugissent à Noé. Il reste, pour garder ses brebis. Il mourra, s'il le faut, au poste périlleux que la situation et le devoir lui assignent.

D'ailleurs, jeune encore, robuste, courageux, riche, sympathique au pays, il redoute moins que tout autre ces délations à la mode alors, toujours infailliblement mortelles.

Il se cache dans sa belle métairie de Sauvignargues. Mais

avant de se cacher, il commence par *notifier* préalablement
à la contrée tout entière qu'il est caché, dans sa magnifique
ferme, pour s'y tenir à la disposition de tous les habitants
du canton et d'ailleurs, qui viendront, et la nuit et le jour,
réclamer les soins de son ministère alors si périlleux.

Il sait pourtant que la prudence humaine est ici-bas
l'auxiliaire obligée de la sagesse divine, aussi prépare-t-il
une cachette sûre dans le vaste grenier de son habitation
rustique. Il bouche en maçonnerie, au niveau du plancher,
le canon d'une cheminée antique; fait démolir toute la
partie qui surmonte la toiture, à fleur des chevrons qui la
soutiennent, et il entoure la partie qui traverse le galetas
d'une meule compacte de fourrage. Se glissant entre les lattes
qui supportent le couvert et l'extrémité du canon, debout dans
cet étui fait de briques et de suie, il laissait passer tranquil-
lement sur sa tête les bourrasques de la révolution. Et puis,
quand l'ouragan avait cessé, il sortait de ce presbytère
étroit, de ce gênant justaucorps, pour monter la garde à
la lisière menacée de sa vaste bergerie.

Depuis déjà trois ans, ce saint contrebandier passait en
fraude, par-dessus les barrières de la *Terreur*, les sacrements de l'Eglise catholique, aliments spirituels alors prohi-
bés, non plus sous peine de déportation, mais de mort;
lorsqu'un habitant de Longages, que je ne nomme pas ici par
respect pour sa famille, qui existe encore dans ce village,
voulant accomplir un acte civique de *bon patriote* et de
sans-culotte pur, va dénoncer l'audacieux *réfractaire* au citoyen Capelle, accusateur public. Ce zélé républicain con-
fie au lâche délateur la mission avilissante de guider deux
agents de la force publique, nantis d'un mandat d'arrêt
lancé contre le courageux *insermenté*.

A l'approche de cet éclaireur, hélas! trop bien renseigné,
et des recors impitoyables que lui signale son fidèle bordier,
le prudent abbé court s'enfoncer dans son noir cachot.
Mais le fanatique inquisiteur, parfaitement instruit du lieu
de sa retraite, monte aux combles de la maison, plonge
violemment sa main démocratique dans cette boîte de bri-

ques qui renferme un corps saint, et avec ses ongles in-
cultes, il ensanglante l'oreille gauche de mon oncle.

Maintenant que j'ai mis ce parent vénéré sur le chemin
de l'échafaud, je serais un impie si j'osais par un seul mot
troubler la majesté du recueillement et du silence qui doi-
vent toujours régner sur la voie de la mort. Je me tais donc.
Création entière, taisez-vous, ainsi que moi ! gardez-vous
bien d'interrompre, même par la chute d'une feuille légère,
la lecture de l'arrêt de mort de la sainte victime ; mais la
lecture de sa teneur *officielle.*

Nous allons entendre les considérants adorables d'une sentence infernale ; admirer la légende sublime d'un drame
monstrueux, mais édifiant dans son horreur même.

Après le terrible prononcé du juge inique et sanguinaire,
les générations présentes et futures seront parfaitement ren-
seignées sur la vie intrépidement sacerdotale et le trépas
trois fois saint de mon immortel parent, bien mieux et avec
beaucoup plus d'édification encore qu'elles ne le seraient
par la publication de mille pages éclatantes de son authen-
tique et émouvante histoire !

Lecteurs, levez-vous ; car je lis :

JUGEMENT DU TRIBUNAL CRIMINEL

Du département de Haute-Garonne,

Qui condamne à la peine de mort Gabriel-François Latour,
prêtre, âgé de quarante-quatre ans, habitant de Noé, chef-
lieu de canton, district de Muret, département de Haute-
Garonne, convaincu de n'avoir pas fait son serment de
maintenir la liberté et l'égalité.

Du 2 thermidor, an second de la République française
une et indivisible.

Au nom du peuple français, l'an deux de la République
une et indivisible; à tous présents et à venir, salut. Le
tribunal criminel du département de Haute-Garonne a rendu
le jugement suivant :

« Vu le procès-verbal dressé le 23 messidor dernier par les membres du comité de surveillance de la municipalité de Noé , chef-lieu de canton , district de Muret , département de Haute-Garonne , relatif aux visites domiciliaires arrêtées par ledit comité , et duquel il résulte que les ayant étendues dans la commune de Lacasse , et parvenues à la métairie appelée de *Sauvignargues* , ayant appartenu à Gabriel Latour , prêtre , on a trouvé ce dernier caché dans le haut de ladite métairie , lequel ayant été mis en état d'arrestation , ainsi que Jean Baloudrade , métayer de ladite métairie , Jeanne Rouane , son épouse , et Gabrielle Baloudrade , leur fille , ont été conduits dans la maison de justice de Muret , en vertu des mandats d'arrêt délivrés par ledit comité ;

» Vu , enfin , l'interrogatoire subi devant le tribunal par ledit Latour , prêtre , le 29 dudit mois de messidor ;

» Ouï le citoyen Capelle , accusateur public , en ses conclusions verbales et motivées ;

» Ouï ledit Gabriel Latour , prêtre , âgé de quarante-quatre ans , habitant de Noé , chef-lieu de canton , district de Muret , département de Haute-Garonne ,

» Le tribunal , considérant que ledit Latour ayant disparu de son domicile , il avait été regardé comme émigré et mis sur la liste générale des émigrés ; qu'interrogé sur ladite émigration , il a prétendu qu'il n'avait jamais quitté le sol de la République ; qu'à l'aide d'un certificat de résidence de sa commune , il s'était pourvu au département de Haute-Garonne , pour se faire rayer de ladite liste. Que cette administration ne prononçant pas , et ayant été prévenu que certaines personnes voulaient lui tirer des coups de fusil , il s'était caché dans sa dite métairie de Sauvignargues , où il a été trouvé , et qu'il n'était pas au pouvoir des bordiers de le mettre dehors , parce qu'il était chez lui ;

» Considérant que si Latour était poursuivi pour le fait de l'émigration , d'après son assertion ; qu'il est , à raison de ce , en instance au département , il devrait être sursis à son jugement , et renvoyé devant l'administration du département, pour faire statuer sur sa réclamation, conformément au décret de la Convention nationale du 23 germinal dernier.

Mais le tribunal n'a pas besoin de s'occuper de cette émigration, Latour est un ci-devant prêtre, Latour est un réfractaire à la loi, et d'après l'article premier du décret de la Convention des 21 et 23 avril 1793 (vieux style) qui porte que tous les ecclésiastiques séculiers, réguliers, frères convers et lais, qui n'auraient pas prêté serment de maintenir la liberté et l'égalité, conformément à la loi du 15 août 1792, (style esclave), seraient embarqués et transférés sans délai à la Guyane française. Latour n'ayant pas prêté ledit serment, s'est trouvé dans le cas de la déportation, avec d'autant plus de raison qu'il a fait des fonctions publiques postérieurement au 5 février 1791, puisqu'il a convenu d'avoir prêché le carème de 1792 dans l'église de Noé, et encore d'avoir prêché dans l'église du Fauga le 15 août de la même année. Que par l'article x du décret de la Convention nationale des 29 et 30 vendémiaire dernier, ledit Latour, par le défaut de serment qu'il a déclaré n'avoir jamais voulu faire, comme répugnant à sa conscience, se trouve encore sujet à la déportation; et conformément à l'article xiv de la même loi, il devait dans la décade qui a suivi la publication dudit décret, se rendre auprès de l'administration de son département, pour être pris à son égard les mesures nécessaires pour son arrestation, embarquement et déportation. Qu'au lieu de satisfaire à ladite loi, ledit Latour, s'est au contraire toujours tenu caché; de sorte qu'ayant été trouvé sur le territoire de la République postérieurement à ladite décade, il se trouve compris dans l'article xv, et doit subir la peine prononcée par l'article v du décret des 29 et 30 vendémiaire dernier.

D'après tous ces motifs, le tribunal ayant entendu l'accusateur public sur l'application de la loi, déclare ledit Gabriel Latour convaincu d'avoir été sujet à la déportation; en conséquence le condamne à la peine de mort, conformément à la disposition des articles x, xiv et xv du décret de la Convention nationale des 29 et 30 vendémiaire dernier, qui portent :

Art. X.

« Sont déclarés sujets à la déportation, jugés et punis comme tels les évêques, les ci-devant archevêques, les curés conservés en fonctions, les vicaires des curés, les professeurs des séminaires et des colléges, les instituteurs publics, et ceux qui ont prêché dans quelque église que ce soit, depuis la loi du 5 février 1791, qui n'auront pas prêté le serment prescrit par l'article xxxix du décret du 24 juillet 1790, et réglé par les articles xxi et xxxviii de celui du 12 du même mois, et par l'article xi de la loi du 29 novembre de la même année, ou qui l'ont rétracté, quand bien même ils l'auraient prêté depuis leur rétractation. Tous les ecclésiastiques séculiers ou réguliers, frères convers et lais, qui n'ont pas satisfait aux décrets du 14 août 1792, et 21 avril dernier, ou qui ont rétracté leur serment.

» Et enfin ceux qui ont été dénoncés pour cause d'incivisme, lorsque la dénonciation aura été jugée valable, conformément à la loi dudit jour, 21 avril, les ecclésiastiques mentionnés en l'article x, qui cachés en France n'ont point été embarqués pour la Guyane française, seront tenus, dans la décade de la publication du présent décret, de se rendre auprès de l'administration de leurs départements respectifs, qui prendront les mesures nécessaires pour leur arrestation, embarquement et déportation, en conformité de l'art. xii. »

Art. XV.

« Ce délai expiré, ceux qui seront trouvés sur le territoire de la République, seront conduits à la maison de justice du tribunal criminel de leur département pour y être jugés conformément à l'article v.

» Et enfin conformément à la disposition de l'article v de la même loi, qui porte :

» Ceux de ces ecclésiastiques qui rentreraient, ceux qui sont rentrés sur le territoire de la République, seront envoyés dans la maison de justice du tribunal criminel du département dans l'étendue duquel ils ont été ou seront arrêtés, et après avoir subi interrogatoire dont il sera retenu note, ils seront dans les vingt-quatre heures livrés à l'exécution des jugements criminels, et mis à mort après que les juges du tribunal auront déclaré que les détenus sont convaincus d'avoir été sujets à la déportation. »

Ordonne que le présent jugement sera mis à exécution à la diligence de l'accusateur public, dans les vingt-quatre heures, sur la place de la Révolution de la présente ville, où, sur un *échafaud*, ledit Latour aura la *tête tranchée*, conformément à la disposition des articles ii et iii du titre premier, partie première du Code pénal, qui portent :

ART. II.

« La peine de mort consistera dans la simple privation de la vie, sans qu'il puisse jamais être exercé aucune torture envers les condamnés. »

ART. III,

« Tout condamné aura la tête tranchée. »

Déclare les biens dudit Latour confisqués et acquis à la République, conformément à la disposition de l'article xvi dudit décret des 29 et 30 vendémiaire dernier, qui porte :

« La déportation, la réclusion et la peine de mort prononcée d'après les dispositions de la présente loi, emporteront confiscation des biens. »

De tous lesquels articles lecture a été faite par le Président.

Ordonne enfin qu'à la même diligence de l'accusateur public, le présent jugement sera imprimé et affiché dans la présente ville de Toulouse, dans toutes les autres villes et lieux du département, et notamment dans la ville et canton de Noé.

Fait à Toulouse en audience publique du tribunal criminel du département de Haute-Garonne, tenue dans le prétoire le 2 thermidor, l'an deuxième de la République une et indivisible.

Président, le citoyen Hugueny, assisté des citoyens Faillon, Danisan et Faure, juges dudit tribunal, *signés au registre*.

Au nom du peuple français, il est ordonné à tous huissiers sur ce requis de faire mettre ce présent jugement à exécution, à tous commandants et officiers de la force publique de prêter main forte lorsqu'ils en seront requis, aux commissaires nationaux d'y tenir la main.

En foi de quoi, la présente a été signée du président et du greffier, et revêtue du sceau du tribunal.

Hugueny, président.

Blanchard, greffier.

Collationné :

Gacs, commis-greffier.

A Toulouse, chez le montagnard Viallanes, imprimeur, rue Liberté, n° 48.

La minute de ce jugement se trouve aux archives de la préfecture de la Haute-Garonne, au dossier concernant la famille Latour, de Noé.

La terrible sentence fut exécutée le 3 thermidor an II de la République, sur la place de la Révolution, à six heures du matin. Le prêtre *réfractaire* fut conduit à la guillotine par la rue *Terrible*.

Je traduis en français moderne :

La *tête* de mon oncle, l'abbé Gabriel-François de la Tour, le saint martyr, *tomba sur l'échafaud*, à six heures du matin, sur la place Saint-Georges de Toulouse, paroisse de Saint-Jérôme, le 21 juillet 1794. Il fut conduit au lieu de son martyre par la rue Saint-Georges.

En voyant rouler sur les degrés de l'échafaud la tête d'un saint prêtre, l'ombre de Néron, au fond des enfers, ressentit son premier tressaillement d'allégresse ; car Lucifer dut lui faire croire qu'elle avait recommencé, après quinze siècles d'interruption constante, l'ère des persécutions, que ses édits sanglants jadis inaugurèrent.

Devant cette tête innocente, tranchée par la main du bourreau, chacun de mes lecteurs se pose certainement cette grande question : « Mais l'oncle de l'abbé Latour est-il réellement un martyr ? »

Et moi *petit neveu* de mon *grand oncle*, je réponds hardiment :

« Oui, mon oncle fût un martyr ! »

Je démontre théologiquement mon affirmation si glorieuse et si consolante.

Saint Augustin, dans son 11e sermon sur le psaume 34e, n° 13e, prononce cette maxime : « Ce n'est pas le sang qui fait les martyrs, mais bien la cause pour laquelle on le verse : *Martyres non facit pœna, sed causa*. D'où il résulte que le martyre exige trois conditions :

Première condition : Il faut *mourir volontairement* pour sa religion. Mon oncle est riche ; il peut partir pour l'exil. Sans doute, il en ressentira l'amertume, mais du moins il sera à l'abri de ses poignantes misères. Les routes pour l'étranger sont faciles ; les frontières de l'Espagne sont ouvertes à quelques lieues de son village. Il reste pourtant dans sa patrie, parce qu'il y a des âmes à sauver. Il n'est pas saisi à l'improviste pour être mené à l'échafaud au milieu des apprêts toujours précipités d'un départ désiré. Non, certes, il y a déjà quatre ans que la loi du serment est rendue ; il risque sa vie en restant dans son pays, et pourtant il ne bouge pas, parce qu'il ne lui plaît pas de s'enfuir. S'il prête le serment, il est sûr d'arriver au sommet de la hiérarchie ecclésiastique. Il le refuse, à cause qu'il est schismatique sur tous les points et hérétique sur quelques-uns ; que, par lui, on veut *décatholiser* la France et tuer la religion, dont il est le ministre. Il mourra, mais il ne trahira pas la cause de son Dieu. Donc le martyre de mon oncle remplit la première condition.

Deuxième condition : Il faut que celui qui fait mourir le fasse en *haine de la religion*.

Relisons l'arrêt de mort : il ne s'agit nullement de questions d'ordre social ; pas la moindre allusion à la chose politique. L'abbé de la Tour a *rempli des fonctions ecclésiastiques* ; *prêché un carême à Noé* en 1792 ; le 15 août, même année, à la chapelle miraculeuse de Notre-Dame de l'*Aouaich*, il a célébré *en chaire* la gloire de son Assomption merveilleuse ; il a *refusé* de prêter un serment impie *qui répugne à sa conscience.* Voilà les seuls crimes pour lesquels ses juges iniques et persécuteurs le condamnent à mort. A l'exemple de la divine victime, il se préoccupe, non pas de ses disciples, puisqu'il n'en a pas ; mais bien de ses bordiers , que sa charité et son habileté dans l'interrogatoire font absoudre et mettre en liberté. Oui, ses juges ou plutôt ses accusateurs, le font mourir en haine de Dieu et de sa sainte religion. S'il avait blasphémé contre son Créateur et renié sa foi, ils l'eussent absous et proclamé bon patriote et parfait républicain. Donc, le martyre de mon oncle remplit la deuxième condition.

Troisième condition : Il faut qu'il conste d'une manière évidente que Dieu a reconnu ces deux conditions dans la mort du martyr.

La preuve de Dieu c'est le *miracle*. Mon oncle a-t-il opéré des miracles ? Oui , il a opéré des miracles ! J'en cite deux :

Premier miracle. A partir du moment sacrilége, où le vil délateur de Longages eut dénoncé , saisi et *égratigné* mon oncle ; à la même oreille, au même point où il avait blessé le martyr, une loupe parut. Son développement était si rapide, qu'il fallait que chaque année un chirurgien l'extirpât avec son bistouri. Cet homme a vécu quatre-vingts ans. Longages est aux portes de Noé. Souvent, jeune encore, j'allais le voir, bien moins afin qu'il me parlât de mon oncle, que pour visiter sa *bosse*, qui m'intriguait toujours énormément, et dont en rentrant j'entretenais ma famille. Mille fois en sanglotant et en me montrant sa hideuse difformité avec son doigt tremblant, il m'a répété dans son patois du village cette phrase immortelle : « *La besez , moussu? es uno punilioun de Nosté-Seigné ; ei à qui qu'ai graoupignai le praoubé bosté ouncle !* » Je traduis textuellement : La voyez-vous, monsieur ? c'est une punition de Notre-Seigneur ; c'est là que j'ai égratigné votre pauvre oncle ! » Plus tard, quand je le visitais en soutane, il la baisait avec respect ; il lui semblait que ce baiser était une réparation adressée à cette autre soutane de famille qu'il avait ensanglantée par son infâme délation

La noble famille des vicomtes de Sainte-Marie, laquelle habite le château superbe de Longages, et qui pendant cinquante ans a vu cet étonnant prodige, et avec laquelle souvent je m'en suis entretenu, pourrait aussi rendre témoignage à l'authenticité de ce miracle vivant et permanent.

Second miracle. Le sang de mon oncle avait été accepté par le Ciel comme une expiation suffisante pour les péchés de Noé ; son odeur agréable comme celle d'un encens consacré avait attiré sur ce village les bénédictions du Seigneur. Pendant la terreur, *quarante-deux prêtres* non assermentés demeurèrent cachés dans cette inviolable commune, sans que jamais les tigres révolutionnaires osassent dévorer ces pasteurs innocents, rugir même une fois pour signaler leur présence aux bêtes fauves qui rôdaient dans la France ; et cependant, Noé alors possédait deux *terroristes* tristement célèbres. Ils dénonçaient, ils arrêtaient, ils faisaient mettre à mort les prêtres et les nobles du pays. Ils avaient profané le tabernacle de l'église du village ; jeté dans la rue les hosties consacrées ; brûlé le Christ superbe qui décorait le porche. Chaque jour de la décade, ils prêchaient le mensonge dans la chaire de vérité. Eh bien ! ces monstres, vingt fois le jour voyaient ces quarante-deux prêtres *réfractaires* sortir de l'église ; ils les coudoyaient dans les rues ; ils les rencontraient au chevet du lit des mourants, leurs proches ou leurs amis. A leur vue, leurs dents féroces grinçaient de rage : et cependant jamais ils n'ont songé à en dénoncer un seul au tribunal révolutionnaire.

Ah! oui, c'est là un miracle, et un miracle de premier ordre; j'irais le dire à Rome, si Rome m'appelait!.

Troisièmement donc, il y a eu miracle.

Donc, mon oncle est un martyr!

Il existe dans la belle cité d'Isaure des familles anciennes, qui ont obtenu des nobles *Capitouls* une niche à la Salle des Illustres, pour y placer les bustes de leurs célèbres aïeux.

Plus heureux que toutes ces familles ensemble, je puis en appeler à César, pontife et roi, pour qu'il juge la cause de mon oncle; oui, je puis adresser une pressante supplique à l'*immortel Capitoul* de la ville éternelle, au maître de l'indestructible Capitole, pour qu'il daigne inscrire le martyr de ma famille sur les diptyques sacrés, et accorder une place d'honneur, au nom de Gabriel le martyr, dans les Litanies des Saints.

Capelle, l'accusateur public, dont les conclusions firent condamner mon saint oncle à mort, était du Faget; il fut le digne grand-père de Mme Lafarge, femme si tristement célèbre.

Ses autres petits-enfants sont tous morts à Toulouse dans la misère et le vice. Quant à sa fille, elle a été réconciliée avec son Juge suprême, il y a peu d'années, par un de mes meilleurs amis, par un excellent confrère, au cœur d'or, M. l'abbé Fonarmes, alors curé du Faget, aujourd'hui curé de Saint-François-Xavier. Cette malheureuse est morte, la figure rongée par un affreux cancer. Voilà comment Dieu traite les persécuteurs de la religion sainte, fondée par son auguste et divin Fils.

Ah! pourquoi Lactance ne vit-il pas encore? Il pourrait ajouter un beau chapitre à son *Traité de la mort des persécuteurs*.

Bien longtemps, du reste, avant son glorieux martyre, la réputation de franchise, d'indépendance de caractère, de grande sainteté et de haute éloquence de l'abbé Gabriel de la Tour était de notoriété publique dans tout le diocèse de Rieux. Sur ce point, si capital pour son neveu et son historien, je suis autorisé, prié même d'invoquer l'irrécusable témoignage de M. l'abbé Aragon, du couvent des Bénédictines de Toulouse. Ce digne et intelligent ecclésiastique, né à Rieux en 1796, curé de Salles, commune limitrophe de celle de Rieux, pendant trente ans, à partir de 1832, a chaque jour entendu ses deux oncles, membres du chapitre de Rieux ; son père, sa mère, sa nombreuse parenté ; M. Paillés, ancien curé de Rieux ; toutes les grandes familles ; tous les vieillards du canton de Rieux qui avaient vu, qui avaient entendu prêcher l'abbé martyr, qui s'étaient confessés à lui ; oui, il a entendu tout ce monde pendant soixante ans, lui parler perpétuellement de l'éminente sainteté et de la grande éloquence de l'abbé de la Tour le martyr. Monseigneur le comte de Lastic, dernier évêque de Rieux, l'appelait toujours dans les grandes occasions pour prêcher devant lui et en présence de son chapitre. Sa Grandeur exigeait même que ce saint et célèbre prédicateur descendît à son palais épiscopal. Le charmant convive avait inventé à l'intention de son auguste amphitryon une phrase sacramentelle qui était devenue proverbiale dans le pays, et que souvent j'ai entendue répéter dans ma famille. L'aimable apôtre abordait son paternel et noble évêque en lui disant : « Monseigneur, j'ai l'honneur de représenter à votre Grandeur le bœuf le plus heureux du diocèse, puisqu'elle l'invite à triturer et le grain de son aire et celui de sa crèche. » Et sa Grandeur lui répondait invariablement avec une même grâce parfaite, en lui prenant la main : « Bœuf fortuné, soyez toujours le bienvenu, et que le bon Dieu conserve longtemps vos cornes pour le malheur du diable et vos bonnes dents pour le bonheur de votre évêque dont vous avez l'estime et l'amitié. »

Mais l'histoire de l'Eglise gallicane a encore deux pièces immortelles à enregistrer, non moins belles que l'arrêt de mort du glorieux martyr : l'inventaire du tribunal et la lettre à sa mère.

Chez les saints tout est enseignement.

Lisons donc l'édifiant inventaire du martyr, écrit dans le style et avec l'orthographe de l'époque.

« Tribunal criminel, Haute-Garonne, République française.

Inventaire des effets déposés au greffe du tribunal criminel du département de Haute-Garonne, ayant appartenu à Gabriel Latour prêtre, habitant de Noé et confisqués au profit de la république, par jugement du tribunal criminel de Haute-Garonne du 2 thermidor, pour être remis à l'administration du district, en exécution de la loi du 28 messidor.

Sçavoir :

Un razoir.

Un frotoir avec son étui.

Un peigne de corne.

Un très-petit morceau de sçavon.

Un petit étui de bois, dans lequel sont renfermées trente éguilles, trente épingles ordinaires et trois grosses épingles.

Un couteau à manche noir.

Une paire ciseaux

Des fers à rouler les cheveux.

Un crayon.

Un petit couteau de toilette.

Une croix qualifiée par Latour, la vraye croix de Jésus-Christ, renfermée dans un petit étui de fer blanc.

Et trois petites poches de peau.

Le présent inventaire certifié véritable par le commis-greffier du tribunal criminel du département de Haute-Garonne.

Toulouse le vingt-trois thermidor an deux de la république une et indivisible.

Les effets cy-dessus ont été remis le 7 fructidor an II de la République.

GACS, commis-greffier. »

Ah ! c'est bien là le bagage sommaire, et encore même pillé, d'un saint prêtre qui part à la hâte pour l'éternité. Quant à son riche bréviaire, sa montre, sa chaîne et son chapelet d'or, ils ont été vus par un de mes parents sur une table chargée de papiers en désordre chez un descendant du bourreau. Il rendit le reliquaire, à la condition qu'on ne l'inquiéterait pas pour le reste. Je connais la rue et le

numéro de la maison qu'habitait cet heureux larron. Aujour-
d'hui, cette relique, dont l'*invention* fut vraiment miraculeuse, repose sur une poitrine très-chrétienne ; c'est celle de
Madame Sevène, née Euphrasie Latour, nièce du martyr et
ma cousine.

L'original de cet incomparable inventaire se trouve aussi
aux archives de la préfecture, au dossier de ma famille. Les
curieux peuvent se donner chaque jour, de midi à quatre
heures, la douce satisfaction d'aller admirer ces pièces au-
thentiques.

Ici, que mon lecteur se lève, qu'il pose son chapeau ;
car il va lire la plus belle lettre qui soit sortie de la plume
d'un homme.

Elle fut écrite à sa mère par le saint abbé le matin même
de son martyre :

« 3 Thermidor an II, quatre heures du matin, en attendant
la mort :

» *Enfin*, ma chère mère, il est venu ce jour heureux
où vous pouvez vous glorifier d'avoir mis au monde un fils
digne d'être offert au Dieu du ciel et de la terre. Qui pourrait exprimer la joie d'une mère qui, connaissant les en-
gagements qu'elle a contractés dans son mariage, peut se
dire avec raison qu'elle rend à Dieu le précieux dépôt qu'il
lui avait confié. Oui, grâces au Seigneur, qui est la force
des forts, le soutien des faibles, ce fils, qui n'était rien par
lui-même, et ne pouvait que succomber dans cette mer
orageuse, a su néanmoins, avec le secours du ciel, triom-
pher des plus rudes combats, et prouver au monde, après
saint Cyprien, qu'un prêtre fidèle peut bien être tué, mais
non vaincu quand il meurt pour sa religion. Réjouissez-
vous donc, ô ma mère, au milieu de vos souffrances,
et quel que soit le contre-coup que vous ressentiez de ma
mort, dites encore avec la sainte Mère de Dieu, le modèle
de toutes les mères : Voici, mon Dieu, ce fils que vous
m'aviez donné. Je consens qu'il soit immolé à votre justice, pour soutenir la grandeur de votre nom. C'est sans
doute un sacrifice bien grand pour une mère ; mais, Sei-

gneur, que ne méritez-vous pas ? et si vous voulez l'agréer,
quel bonheur pour moi de pouvoir vous l'offrir ! Tels sont,
ma chère mère, les vertueux sentiments que je vous suppose : et loin de moi toute espèce de crainte qui pourrait
affaiblir là-dessus ma confiance ; car enfin, ce qui cons-
titue la perfection de votre sacrifice, comme celle du mien,
c'est de ne faire aucune réserve. Quand on fait une offrande
à Dieu, ne pas lui tout donner, c'est ne lui donner rien.
Permettez-moi, ma chère mère ces observations, que mon
auguste qualité de ministre de Jésus-Christ m'ordonne d'exposer à tous les fidèles ; et c'est principalement à ce que
nous avons de plus cher après Dieu dans ce monde que nous
devons les adresser. Nous sommes les pères, les amis,
les docteurs, les soutiens de tous les hommes ; c'est le glorieux emploi dont nous a honorés notre divin Maître. Eh !
pouvons-nous employer mieux nos soins qu'à l'égard de
ceux dont nous tenons le jour ? Je vous exhorte donc, ma
chère mère, à demeurer ferme dans la foi, à contempler
sans cesse cette couronne de gloire que la persévérance
nous promet. Que les menaces, les persécutions ne soient
jamais capables de vous ébranler ; et, au milieu des plus
cruels supplices, si vous y étiez exposée, jetez-vous entre
les bras de ce Dieu si bon et si miséricordieux, qui ne
laisse jamais périr ceux qui veulent vivre et mourir comme
lui. La Croix est le vrai chemin du ciel ; nous le connais-
sons bien à présent et mieux que jamais. Malheur à tout
chrétien qui ne voudrait pas suivre cette voie, capable de
le rendre heureux pour une éternité.

» J'aurais encore bien des choses à vous dire, si une certaine sensibilité inséparable de l'homme ne s'opposait aux
désirs de mon cœur ; mais c'est assez, et j'ai tout lieu de
croire que l'exemple d'un prêtre, qui est traité comme son
divin Maître, est bien capable d'apprendre à tout l'univers
qu'il faut renoncer à tout, quitter tout, se dépouiller de tout,
et par-dessus tout, se quitter soi-même pour ne s'attacher
qu'à Dieu et n'aimer que Dieu seul.

» Signé : Gabriel-François DE LA TOUR. »

Cette épître vraiment *apostolique* se trouve dans l'ouvrage intitulé : *Les martyrs de la foi pendant la Révolution française*, par l'abbé Guillou. Paris, édition 1824 ; IIIe volume, page 467.

Le style c'est l'homme : *Enfin*, j'ai donc rencontré dans ma famille un homme, un prêtre et une sainte victime : *Vir, sacerdos et victima!*

Dans sa lettre *in extremis*, l'abbé de la Tour ne s'occupe ni de lui, car il est prêt pour paraître devant Dieu ; ni de la terre, déjà il ne l'aperçoit plus, tant elle est petite, car il la voit des cieux ; ni de la mort, car il la convoite. Comme Jésus au gibet, ici doublement son modèle, il ne s'inquiète que de sa sainte mère. Certes, il y avait de quoi ! c'était dur pour une telle mère de voir un tel fils, à quarante ans périr sur l'échafaud ! mais à l'aspect du Ciel oublions la terre.

En lisant cette lettre, on croit lire un acte des martyrs de la primitive Eglise. Ce n'est pas étonnant ; les martyrs, à toutes les époques, puisent à la même source ; et cet esprit divin, qui inspira les martyrs antiques, quand ils arrosaient le berceau de l'Eglise de leur sang généreux, est le même que celui qui inspire les martyrs modernes, quand de leur sang toujours merveilleux et magique ils rajeunissent son incomparable vieillesse ; quand ils réparent de ses années les outrages toujours réparables et toujours réparés.

La postérité n'a pas laissé tomber à terre le mot de Massillon jeté sur le cercueil de Louis XIV : « Dieu seul est grand. » Ce mot est bien, sans contredit, le plus beau qui soit sorti de la bouche d'un orateur sacré. Et pourtant, il est bien pâle devant celui-ci : « *Enfin*, ma chère mère, il est venu ce jour heureux. »

Massillon, en effet, pouvait établir froidement ses parallèles entre la grandeur de Dieu et la grandeur de l'homme. Il n'avait pas à craindre qu'après avoir cadencé ses périodes ; qu'après être descendu de chaire, on le fît descendre encore dans le tombeau du grand roi dont il proclamait le néant relatif. Mais, quand l'abbé de la Tour jetait fièrement

sur la plate-forme de l'échafaud son immortel *Enfin*, dans
cinq minutes, il allait y monter. Les situations étaient donc
bien diverses; l'orateur devant lui voyait la gloire, le martyr apercevait la guillotine! Si cet *enfin*, mot sublime entre
tous les mots sublimes, s'est élevé à cette haute puissance,
c'est parce que ce mot est naturel dans la bouche d'un prêtre qui a la foi, d'un prêtre qui se trouve au bas de l'échelle
qui monte aux cieux, et qui attend avec impatience que le
bourreau lui donne *enfin* le signal de commencer sa glo -
rieuse et certaine ascension.

Si donc à l'heure qu'il est, on me mettait en présence des
cendres de Napoléon et de celles de l'abbé de la Tour, et si
l'on me disait : « Duquel des deux veux-tu être le neveu? »
Ah! je ne sortirais pas de ma famille, où nulle part on ne
peut être mieux; et je me garderais bien d'entrer dans celle
de ces deux Empereurs, sur la tête desquels Dieu deux fois
a posé la couronne et qui deux fois l'ont laissée tomber!
Quand à mon oncle, ah! je ne crains pas que jamais il
bronche sur les collines éternelles et qu'il laisse tomber la
sienne!!!

CHAPITRE VII.

Latour le jeune ou de Monsinat.

Latour le jeune ou de Monsinat, naquit à Noé, en 1760.

Il s'appela d'abord Latour le jeune ou *Junior*, à cause qu'il était le plus jeune des douze enfants que Latour Gabriel Ier, mon trisaïeul avait eus de ses deux femmes. Il est le chef de la cinquième et dernière branche de la famille Latour de Noé.

Comme tous ses frères, il fit de brillantes études à Toulouse. Il ne rentra au village qu'après avoir noblement conquis le titre de docteur en Droit civil.

Ce dernier des cinq fils de mon trisaïeul était d'ailleurs un homme d'une érudition remarquable. Il a traduit et commenté les prédictions du *Mirabilis Liber* de saint Césaire. J'ai lu naguère ce beau travail avec un plaisir extrême. Il renferme des vues profondes ; Latour de Monsinat était un penseur sérieux. Cette œuvre de famille est restée manuscrite : elle mérite pourtant les honneurs de l'impression. Le fils et le petit-fils de mon oncle vénéré sont trop distingués ; ils ont trop l'esprit de famille pour ne pas prouver au monde que la plume dont nous nous servons tous trois n'est tombée de la queue d'aucun *Paon* exotique.

Du reste, il perdit son nom primitif de Latour le jeune, pour prendre celui de Latour de Monsinat, quand il épousa, à la fin du siècle dernier, Mlle Monsinat de Noé, fille de Monsinat, docteur, *in utroque jure*, jurisconsulte éminent, juge de paix de Noé, avocat en parlement, député à l'Assemblée nationale et conseiller à la Cour d'appel de Toulouse, quand les cours d'appel furent créées.

Nommé maire de Noé en 1798, il garda l'écharpe municipale jusqu'à l'année 1820. Il la quitta à cette époque par suite des ennuis que lui suscita son adjoint, l'homme le plus brouillon que Noé ait porté. Il fit preuve pendant cette longue carrière municipale d'une capacité administrative hors ligne.

Deux épisodes de sa belle vie, que je vais raconter, suffiront pour immortaliser cet homme *illustre*.

Premier épisode. C'était le 6 avril 1814. L'armée anglo-hispano-portugaise passait par Noé, pour se rendre à la bataille de Toulouse, où le maréchal Soult lui avait donné rendez-vous, espérant être rejoint par son collègue le maréchal Suchet et battre son immortel adversaire dans un combat décisif. Par ce dernier exploit, le duc de Dalmatie aurait enrichi le Midi des splendides dépouilles de l'armée anglaise et couronné dignement sa brillante retraite.

Le duc de Wellington, qui commandait en chef les forces des trois nations combinées voulant laisser reposer ses troupes qui arrivaient à marches forcées du fond du Portugal, s'était arrêté au village. Son quartier-général était établi au château. D'ailleurs, il était forcé d'attendre sa grosse artillerie perdue dans la boue des chemins de traverse, dans lesquels il avait eu la mauvaise idée de l'engager, pensant la faire arriver plutôt.

Latour de Monsinat, maire de la commune, alla trouver mon père, son neveu, pour le prier de lui servir de secrétaire extraordinaire pendant tout le temps du passage de l'armée étrangère. Il lui demanda le secours de sa plume pour écrire, et celui de son bras pour le protéger contre la brutalité et la rapacité des soldats écossais. Mon père alors avait vingt-deux ans ; il était le plus bel homme du pays. La main fermée, dans ces temps déjà reculés, s'appelait le poing. Or, quand il s'en servait dans cette position ses coups étaient équivalents à ceux de la massue d'Hercule ; car alors les hommes étaient des hommes. Le chef d'état-major du lord anglais était un colonel d'une valeur militaire extraordinaire ; mais il s'était immédiatement épris d'un amour déréglé pour le vin de la vigne que Noé avait plantée. Avant de se rendre chez le maire, à huit heures du matin, déjà il avait fait une descente aux caveaux généreux du château ; il en était même remonté légèrement ému. Aussi, quand il se présenta chez le maire, pour faire au nom de son général des réquisitions militaires, mu par l'esprit du vin qu'il avait absorbé, ses prétentions furent follement exagérées. La discussion s'anima. Les deux interlocuteurs parlant latin s'étaient levés, l'un pour mieux demander, l'autre afin de refuser plus énergiquement ce qu'il ne pouvait accorder.

Ils étaient placés debout en face l'un de l'autre, séparés par la table de travail sur laquelle mon père se tenait incliné, serrant dans sa main gauche, dont il savait parfaitement se servir, une assez grosse règle à crayonner. Le bouillant secrétaire écoutait impatienté le dialogue que l'officier britannique poussait déjà jusqu'à l'injure de l'ivrogne. Heureusement encore pour lui que :

« Le latin dans les mots brave l'honnêteté. »

Mais bientôt, joignant l'action à la menace, il dégaîne son sabre pour fendre la tête du maire, ferme, mais toujours poli. Sa main est mal assurée, la lame entame légèrement sa joue ; mais en descendant, elle allait couper le cou de mon père. Il pare le coup avec sa règle, qui est partagée en deux ; la peau de sa nuque est à peine attaquée. Il passe la main sur la blessure ; il l'en retire pourtant ensanglantée. D'un autre côté, il voit aussi la joue de son oncle, qu'il aime, toute rouge de sang. Il ferme alors sa main teinte du sien, et d'un coup de poing sur la tête, il terrasse le brutal agresseur, le saisit par la poitrine, ouvre une croisée et le précipite sur le pavé de la route. Le coup fut si violent, qu'encore que le salon de son oncle f ût au rez-de-chaussée, il lui brisa la colonne vertébrale, et le colonel et son ivresse restèrent morts sur place.

A cette vue, le maire, toujours plein de sang-froid, ceint son écharpe, court au château, sollicite d'urgence une audience immédiate de Monseigneur le Duc commandant en chef. Reçu à l'instant même, il expose les faits. Le noble Lord, impartial et juste, lui répond : « qu'il regrette infiniment son chef d'état-major ; mais qu'il n'a que ce que méritait son inqualifiable agression. Cependant, qu'il conseille au secrétaire et neveu du maire de se cacher, s'il ne veut être haché bientôt par ses soldats, devenus furieux quand ils connaîtront l'incident. »

Mais déjà mon père, devançant l'avis, s'enfuyant à travers le parc de son oncle, était allé s'enfoncer dans une caverne inaccessible, creusée par des blaireaux à la *Roche de Marsac*, sur les bords et la rive gauche de la Garonne, à un kilomètre du village, en aval du fleuve. Là, il resta enseveli pendant les trois jours que dura le passage des Anglais, ne sortant de cet asile, ou mieux de ce terrier, que la nuit, pour respirer un air libre et prendre quelque nourriture dans les métairies voisines.

Second épisode : En 1861, mon nom faisait quelque bruit à Toulouse ; car je prêchais l'Avent à la Dalbade. Or, depuis la fondation de l'Eglise catholique, c'était la première fois qu'un *prêtre enterreur* prêchait une station dans une église, et dans une église comme celle de la Dalbade, dont était curé mon ami l'abbé Vignal, le pasteur le plus distingué sans contredit, et sous tous les rapports, que possédât alors l'Eglise gallicane. Voilà pourquoi le comte de Chazelles, ancien sous-préfet de Muret, de passage à Toulouse, avait entendu articuler mon nom, encore si obscur. Après informations, sachant que j'étais le neveu de l'ancien maire de Noé, il me fit l'honneur de venir m'inviter à déjeuner. Le comte de Chazelles était un des hommes les plus distingués que j'aie connus de ma vie. Pendant tout le repas, il me parla des embarras épouvantables de son administration, par suite de la fédération de 1815 et de l'assassinat du général Ramel, qui avait bouleversé son arrondissement lui-même : crime horrible dont l'auteur a eu la chance de mourir sans avoir jamais été inquiété par la justice. Il me disait : « que si M. Latour de Monsinat n'avait pas mis à sa disposition ses capacités exceptionnelles, sa haute influence et les sympathies universelles dont il jouissait dans toute la contrée, jamais, non jamais certainement il n'aurait surmonté les obstacles effrayants contre lesquels il se heurtait sans cesse. »

Il me serrait tendrement la main, se dédommageant sur une main de famille de la privation qu'il éprouvait de ne pouvoir presser celle d'un autre Latour dont le concours avait fait sa fortune administrative, et qui lui procura l'honneur de recevoir des félicitations de la bouche de Sa Majesté Louis XVIII lui-même, et de sa main royale la croix de Saint-Louis et sa nomination à une magnifique préfecture. Quand je pris congé de cet homme excellent, il m'embrassa cordialement, me promit de concentrer sur la tête du neveu toute la reconnaissance qu'il devait à l'oncle ; il me jura même qu'il m'obtiendrait la mitre s'il n'était pas mort avant la restauration de Henri V. Or, le comte de Chazelles est mort ; Henri V foule encore la terre de l'exil, et moi je suis toujours l'*auxiliaire des Bleus ;* oui l'auxiliaire sans gloire, mais heureux.

Oui, cette position est sans éclat, mais non sans bonheur pour un homme de ma race, assez *original* pour affirmer que la position sociale est un justaucorps qui produit, mais qui gêne ; tandis que l'homme seul est l'homme, qui compte comme un chiffre ou qui ne compte pas, ainsi qu'un zéro. Pour un tel être, la certitude de se trouver à la hauteur de sa position, ce qui n'est pas si commun qu'on pense, un ministère *tobilique* qui le met continuellement en contact avec un curé de tête, de cœur et de bon ton : tout cela n'est pas dépourvu de charmes. Cette agréable fréquentation est bien d'ailleurs, depuis la mort de mon ami l'abbé Vignal, la plus douce consolation qui soit venue consoler mon inconsolable douleur.

Tel fut le célèbre Latour le jeune, ou Latour de Monsinat. Il mourut, le 15 janvier 1824, à Toulouse, laissant deux enfants dignes de lui : Mme Sevène, épouse du vertueux M. Sevène, directeur des contributions directes en retraite; et M. le docteur Amédée Latour, rédacteur en chef de l'*Union médicale*, et qui jouit à Paris d'une position dans son art la plus haute et la plus considérée qu'un docteur-médecin puisse aujourd'hui envier dans cette capitale.

CHAPITRE VIII

Latour de Saint-Léon ou ma tante la Mère prieure.

Je viens d'esquisser l'histoire de la souche et des chefs des cinq branches dont se composait la famille Latour de Noé.

Maintenant, je me perche sur ma branche pour ne plus en descendre.

Mme Latour de Saint-Léon, ma tante, la Mère prieure du couvent de Longages, était l'aînée des quatre filles de Latour Gabriel II.

Sa piété précoce, la finesse exquise de son esprit, semblaient présager chez elle une vocation certaine à l'état religieux. Mon bisaïeul, trop vertueux pour contrarier les desseins du Seigneur, la laissa entrer sans opposition dans le cloître. Cependant, tout en la plaçant sous le regard spécial du bon Dieu, il ne voulut pas la perdre lui-même entièrement de vue. Dieu et le père, ça fait deux pères, et la tête d'un enfant peut porter facilement le poids de deux regards paternels ; car plus ils se concentrent sur elle, plus ils sont légers, plus ils sont doux.

Son cœur ingénieux lui suggéra l'heureuse idée de la donner à l'ordre de Fontrevault, lequel possédait à Longages, à trois kilomètres de Noé, un prieuré célèbre. Qui sait, se disait ce bon père, si un coup de vent propice de la

Providence, qui souffle où il veut, et quelquefois même où on le prie de souffler, ne jettera pas un jour ma fille dans une cellule de ce couvent si voisin ? Or, la chose advint ainsi. Un jour, Mme de Saint-Léon fut prieure du couvent de Longages. Ce monastère était le plus beau des quatorze que l'ordre possédait dans la province d'Aquitaine. Rien ne manquait à sa splendeur : résidence princière, jardin potager délicieux, pont-levis royal, étangs immenses, lavoirs voûtés, viviers avec des barreaux de sûreté, terrasses merveilleuses. Or, comme ce prieuré est fort ancien, je ne serais pas étonné que le Tasse ne fût passé à Longages, et qu'il n'eût pris là un croquis pour bâtir plus tard son palais enchanté d'Armide.

Les terres du monastère étaient sans bornes, ses revenus incalculables Cependant, je ne sais par quelle combinaison, ici je constate un fait, avant la Révolution, ce prieuré était possédé par indivis par quatre religieuses seulement, et ma tante était une des quatre copropriétaires. Malgré cette étonnante particularité, la République déclara le prieuré bien national. Quand il fut mis en vente, un habitant de Longages, dont de très-hautes convenances me forcent de taire le nom, l'acheta, comme c'était son droit, au prix de quatre-vingt mille francs. Il eut quelques jours pour acquitter le montant de son adjudication. Or, à cette époque, déjà les assignats étaient grandement dépréciés ; l'Etat pourtant les recevait encore dans ses caisses pour leur valeur nominale. L'acquéreur s'empressa donc d'amener à la foire de *Montesquieu-Volvestre* une paire de bœufs de la métairie de *Mouscaillon*, comprise dans son contrat. Il les vendit six cent mille francs en assignats. Il liquida sa situation d'acquéreur, et il lui resta encore un boni de cinq cent vingt mille francs, avec lequel il aurait pu acheter tous les prieurés de la province et toutes les cornes nationales des bœufs de France et de Navarre.

Or, *ces bœufs gras*, il les avait souvent ferrés, car il était le forgeron du village. Ah ! en voilà un maréchal-ferrant qui a pleinement justifié le proverbe : *En forgeant on devient forgeron , qui a su battre le fer pendant qu'il était chaud.* Ses descendants, qui ont tous quitté le métier, pourtant si lucratif du père , peuvent se féliciter aujourd'hui d'avoir eu un aïeul paternel jadis apprenti habile et taillé à la Mercure dans la forge de *Vulcain.*

Du reste, cet aimable vieillard , aux marchés si heureux , avait pour moi une affection extrême. Enfant , le jour du premier de l'an , je faisais une visite au prieuré ; il me donnait toujours un louis d'or , encore qu'il n'en fût pas très-prodigue. Le souvenir de ma tante la prieure dénouait annuellement les cordons de sa bourse. Un jour même de bonne année, il me fit cadeau d'un *assignat* que je conserve encore comme un traité d'alliance entre le loup et l'agneau. Or, mon assignat, je m'en souviens, il le prit dans une énorme liasse de ces titres périmés, qu'il avait mise dans ses archives, et qui constituait l'énorme reliquat du solde de son acquisition fabuleuse.

Ma tante, à laquelle la Révolution accorda une dispense radicale de clôture , de résidence et de ses droits de propriété, reçut une indemnité de la nation : ce fut une grosse pension de vingt pistoles, lesquelles aujourd'hui ont changé de nom , mais non point de valeur ; chacune encore vaut dix francs.

Madame la prieure prisait comme une religieuse ; mais ces deux cents francs lui suffisaient pour acheter son tabac et couvrir les intérêts du capital que représentait sa riche tabatière d'or , bâton de commandement que lui permettait de porter , d'ouvrir et de fermer , son titre de prieure.

Chassée du monastère ; n'emportant dans sa poche que son chapelet, sa tabatière et son mouchoir, que la République lui avait laissés en signe et preuve de sa munificence extrême , elle alla, chargée de ce léger bagage , frapper à la porte de Mme la comtesse de Roquelaure , beaucoup son amie et un peu sa parente. C'est là que pendant sa vie entière, elle reçut une large et généreuse hospitalité , que chaque jour elle payait comptant en charmes d'une conversation ravissante, laquelle aurait rendu jaloux Marc-Aurèle lui-même ; en exemples d'édification, et par une vie régulière et sage comme celle d'une vraie religieuse.

M. Fafeur, homme honnête et probre, aujourd'hui sacristain de Saint-Jérôme, et à cette époque maître-d'hôtel de Mme la comtesse, pourrait attester la véracité judaïque de ma déposition. Mais qu'ai-je besoin du témoignage de celui qui pendant quarante ans a vu les faits et gestes que je narre ! La broderie la plus belle ne servirait ici qu'à gâter mon canevas d'ailleurs si luxueux et si riche.

Ma tante la prieure mourut en 1829 à Toulouse, saintement, comme elle avait vécu. Et j'affirme que si dans le Ciel, où elle est, il existe un parloir, elle doit étonner les anges eux-mêmes en causant aussi bien qu'eux.

CHAPITRE IX.

Latour le maître.

Latour le maître, était frère de ma tante la prieure et de mon grand-père. La majesté de sa prestance, la blancheur précoce de ses cheveux lui firent donner le surnom de *maître*. A trente ans déjà son abondante chevelure était blanche comme neige. Or, on était convaincu au village que la *tête d'un fou n'a jamais blanchi*. Du moment donc que celle de mon oncle était plus et plutôt blanche que celle de tous les autres, c'est qu'il devait être plus sage. C'était pour tous un Nestor de trente ans. Il fallait que tous les habitants fussent ses disciples, et lui seul *le maître* de Noé.

Il est certain, qu'en fait d'administration, il manœuvra toujours en maître homme. Maire de 1820 à 1830 ; dans ces dix ans, il enfanta des prodiges.

Noé était une ancienne petite ville forte. Des fossés immenses l'entouraient et le traversaient. Ces tranchées profondes étaient la fosse commune des immondices de tous ; le repaire assuré d'animaux dégoûtants ; l'asile préféré de reptiles vénimeux ; le semis permanent de mille plantes vénéneuses, lesquelles avaient élu en ces lieux malsains un domicile tranquille, toujours à l'abri des autans. Or, sans grever d'impôts le budget léger d'une mince commune,

Latour le maître trouva le moyen de transformer ces cloaques infects en jardins délicieux, en esplanades superbes. La passion d'Abolin pour la bâtisse et les embellissements publics lui permit d'exécuter pour rien ses utiles desseins. Abolin avait acheté le château et les vastes domaines des Seigneurs de Noé. Conventionnel modéré, il avait voté l'exil de Louis XVI. Sous un abord glacial, il cachait un bon cœur. Cette mouche, revêche en face d'une goutte de vinaigre, on la prenait facilement avec le miel de la douceur, les charmes de la politesse et l'odeur de l'encens, pourvu que son œil perçant n'en aperçut pas la fumée. Or, mon oncle avait parfaitement constaté que c'était par le talon placé du côté du cœur que demeurait vulnérable cet Achille du village. Il en obtenait tout ce qu'il voulait en le caressant à propos ; en lui cédant au moment opportun un pouce de terrain communal pour aligner le mur d'une volière ; pour redresser un fossé qui vers le milieu semblait décrire une courbe de quinze millimètres. Il rendit carrossable la côte inaccessible qui mène au port de la Garonne, vrai port de mer pour les habitants de la commune. Il la dota de trois sources d'eaux vives et roulantes, comme dans la plaine, nulle autre ville n'en possède de pareilles. Elles sont tellement abondantes, qu'elles suffisent à faire tourner les meules des deux moulins du village.

Et cependant, des langues de vipère, comme il y en a partout ; des jaloux, comme en produisent même les plus petites localités, accusèrent cet homme si précieux de vendre les communaux pour quelques *têtes de barbeaux en court-bouillon*. C'était lui, au contraire, qui après avoir savouré à la table du Seigneur de Noé ce mets qu'il adorait, entre le fromage et la poire exploitait au profit de sa commune l'amour de son opulent administré pour la truelle, les tulipes, les platanes et les compliments bien tournés. Oui, c'est lui, qui, par sa diplomatie administrative, a rendu Noé le plus joli village du département.

C'est lui, enfin, qui a fait subir à cette charmante commune une transformation merveilleuse, laquelle sans ses combinaisons gratuites, serait toujours restée à l'état perpétuel d'irréalisable projet.

Donc, en perdant mon oncle, Noé perdit sinon le plus *illustre*, du moins le plus *habile* de ses *maîtres* ; et la commune reconnaissante aurait dû lui dresser des statues.

Et pourtant sans ces quelques lignes que mon cœur lui consacre, Latour *le maître*, n'aurait eu d'autre statue qu'un éternel oubli.

Voilà comment dans les villages on laisse périmer les traditions du foyer domestique les plus glorieuses ! c'est ainsi qu'il existe à Noé une famille honnête dont les membres labourent la terre et rabottent des planches : c'est la famille Darès, à laquelle appartiennent mon ami Hippolyte Pujol-Arbelli, sa sœur Mlle Amélie, leur cousine Mlle Irma Durau. Or, le mot Darès c'est la transformation successive du nom *Haro*. Eh bien ! Haro était tout bonnement le duc Louis de Haro, négociateur plénipotentiaire aux conférences de *l'Ile des Faisans* avec le cardinal Mazarin, pour le mariage de Marie-Thérèse d'Autriche, fille aînée de Philippe IV, roi d'Espagne, avec Louis XIV. Darès est donc un descendant du duc de Haro : je ne sais s'il s'en doute !

Que je constate ici la progression décroissante qu'a subie le nom de Darès : son Excellence Monseigneur le duc de Haro, le duc de Haro, le D. de Haro, le de Haro, le d'Haro, le Dharo, le d'Harès, le Dharès, Darès tout court. Mais, Darès tout court, a parfaitement le droit de retourner la progression, de la rendre ascendante, de remonter à son Excellence Monseigneur le duc de Haro, et de garder éternellement ce nom glorieux.

Du reste, les anciens de Noé qui se souviennent du vieux Darès, auront certainement remarqué la douceur de sa physionomie patriarcale. Tous les habitants du village se rappellent encore Joseph Darès, menuisier et gendre de Mi-

6

chelou : quelle figure, quel ensemble distingués ! pour moi,
je n'ai oublié ni Mme Pujol née d'Harès, ni la finesse de son
intelligence. Oui, c'était bien un des esprits les plus aristocratiques que j'ai connus de ma vie. Or, à tous ces per-
sonnages, il n'a manqué que des rentes, des équipages et
un grand train de maison ; car, ils avaient tous la figure
et les manières de leur bonne race, qu'ils ont laissée fatalement se perdre ! ah ! qui perd son or perd donc son
nom ?

CHAPITRE X.

Latour Gabriel III, surnommé le bel, mon aïeul ou mon grand-père et le combat de la Terrasse.

Mon grand-père naquit à Noé le premier mars 1764. Le Ciel en le créant lui donna du *génie* ; il n'a manqué que d'un théâtre où il put en déployer les puissantes ressources. Le martyr fut son parrain.

Les promesses, qu'à ce titre pour lui il avait faites à Dieu, son filleul les tint toutes. Comme il était le dernier de leurs quatorze enfants, son père et sa mère ne consentirent jamais à se séparer de leur cher Benjamin. C'est pour cela, qu'ils confièrent le soin de son éducation aux deux prêtres, ses oncles vénérés, qui en firent bientôt un élève merveilleux.

Il avait d'ailleurs une figure si remarquablement belle qu'on l'appela le Bel ou le Belou. Il me semble pourtant qu'il fit mentir le proverbe et que son nez un peu gros en gâtait la beauté.

Saint Louis ne voulut épouser que la plus belle femme de l'Europe. Sur ce point, mon grand-père avait des goûts de roi ; lui aussi n'accepta pour compagne que la plus jolie créature du pays. Elle s'appelait Claire ; mais dans la contrée on l'avait surnommée *la belle Claire*. Il ne consulta ici ni sa fortune ni sa race, de ces deux choses il en avait pour deux.

La Terreur l'incarcéra comme *riche*, *aristocrate* et *suspect* d'aimer son fils, *son Dieu, son roi, sa dame*. Pour sortir d'une prison où il s'ennuyait à périr, il fit jouer tous les ressorts de l'industrie humaine ; il poussa le zèle pour sa liberté jusqu'à chanter misère : mais l'écho de sa voix vint mourir aux pieds du mur de son insensible cachot. Il employa la latitude relative que ses geoliers lui donnaient, à fondre une énorme quantité de balles, qu'il espérait bien un jour envoyer à l'adresse de ces mauvaises poitrines, sous lesquelles ne battaient que des cœurs d'oies, de tigres ou de lâches renards. Condamné à mort le 28 germinal an II de la République par le tribunal Révolutionnaire, il ne dut la liberté et la vie qu'à la chute de Robespierre.

Il était entré innocent en prison, il en sortit non pas coupable, mais le cœur plein de rage contre ses bourreaux, ses tyrans et ses persécuteurs.

Latour est un grand citoyen, rendant à Dieu ce qui appartient à Dieu, et à César ce qu'on doit à César. Mais son intelligence jamais n'a pu comprendre que Danton, Robespierre et Marat, que Dartigoyte qui, innocent, le condamne à mourir, soient eux aussi des Césars. Il les prend pour des animaux vils et malfaisants, d'autant plus dangereux que leurs griffes sont longues et atteignent partout ; elles s'appellent : tribunaux révolutionnaires ; pour des monstres à cent têtes dont les gueules se nomment : *guillotine en permanence;* vastes cratères, lesquels jamais en écumant du sang ne vomissent par mégarde une seule des innombrables victimes qui tombent sans relâche dans leurs gouffres béants. Aussi, voudrait-il qu'une énorme prime récompensât le hardi tueur de bêtes féroces qui oserait les larder. Voilà pourquoi, quand le comte de *Rougé*, et le comte de *Paulo* se proclament chefs de l'*insurrection royale*, il rassemble une armée pour seconder leur tardive vengeance. En arborant le drapeau blanc, il ne croit pas lever l'étendard de la révolte, mais bien celui de la liberté qui va enfin émanciper la France du joug des tyrans qui l'oppriment. Il ne pense pas ramasser l'épée rebelle de Catilina conspirateur, mais au contraire s'armer du poignard libérateur de Brutus réveillé.

Or, nous sommes au soir du 20 thermidor an vii de la République française une et indivisible. Latour embrasse son fils qui dort dans un berceau, sa femme qu'il adore; il adresse sur la porte de l'église, alors fermée, au Dieu des batailles qui l'entend, une prière courte et bonne : il lui recommande son enfant, son épouse et le sort du combat qu'il va bientôt livrer.

Ses troupes sont rangées en colonne de marche sur la route nationale n° 125 de Toulouse à Bagnères-de-Luchon. A leur tête, à cheval il attend......

Dix heures sonnent enfin à l'horloge du village. A ce signal convenu, d'une voix vibrante il jette aux échos endormis de la nuit, sa fidèle complice, l'ordre militaire du départ; il dit : *Pas accéléré en avant marche.*

Il quitte le grand chemin à l'auberge de l'embranchement. Quand ses troupes sont toutes engagées dans la route qui conduit à Carbonne, il ordonne à ses soldats de s'asseoir en bon ordre sur la terre chaude et sèche ; de garder un profond silence, et à ses cavaliers de mettre pied à terre et d'empêcher leurs chevaux de hennir. Mon grand-père est un chasseur intrépide : il connaît tous les cognassiers, toutes les touffes de buissons, tous les sentiers, tous les fossés du pays tout entier, tous ses soldats comme un père ses enfants. Choisissant dix hommes, les meilleurs marcheurs de l'armée, il va lui-même avec eux en reconnaissance vers le lieu par où il sait qu'arrive l'ennemi. La nuit est splendide. Les étoiles innombrables qui scintillent au Ciel favorisent son entreprise hardie, mais indispensable, en cachant les individus, tout en éclairant les masses. Il découvre bientôt l'armée républicaine massée comme un troupeau, profondément endormie. Pas une sentinelle qui veille, pas un chien qui la prévienne par ses aboiements instinctifs. Il garde auprès de lui un militaire pour empêcher les hennissements de son cheval, s'arrête à quelques centaines de mètres du camp qu'il explore, et il envoie ses neuf hommes en flairer les alentours. Quand il a tout vu, il rejoint son armée. Maintenant, il sait ce qu'il doit faire et pour lui, déjà la bataille est gagnée.

L'armée qu'il commande s'appelle : *l'armée royale ou des blancs*, à cause que ses soldats pour se reconnaître portent un mouchoir blanc roulé autour de leur bras gauche.

Elle se compose de deux milles hommes, cinquante cavaliers et deux coulevrines.

L'armée ennemie est forte de cinq mille hommes. Elle se nomme : *l'armée des rouges*, *des sans-culottes*, *des patriotes; l'armée républicaine*. Elle est descendue de la montagne. Elle est campée sur le territoire de Carbonne, *dans la plaine de la Tuilerie*.

Le général choisit lui-même deux cents hommes sur lesquels il peut compter ; son beau-frère est parmi eux. Il n'est pas un homme de lettres, mais c'est un lion, cela vaut mieux, puisqu'il faut se battre et non écrire. Il ordonne à ces héros de remonter la grande route jusqu'au château de Saint-Elix, de faire une longue halte dans son parc, d'y déjeuner confortablement, d'y inspecter leurs munitions, visiter leurs baïonnettes, charger leurs fusils ; de bien arranger surtout la pierre dans le chien, pour que pas un ne rate. Il leur prescrit enfin de se trouver, à onze heures du matin, *au pont d'Ercus*, situé derrière le parc du château de la Terrasse, appartenant à la famille des marquis d'Hautpoul. Là, après avoir visé parfaitement chacun leur homme, ils feront une seule décharge et fondront sur les ennemis la baïonnette dans les reins.

Après avoir donné ces ordres préliminaires, il descend de cheval pour dire un mot bienveillant et militaire à chacun de ses soldats. Il peut maintenant sans crainte marcher droit à l'ennemi.

Arrivé à mille mètres de distance il dispose ainsi ses troupes : les dix-huit cents fantassins sont rangés en colonne de bataille sur deux lignes, le front tourné vers le *pont d'Ercus*, où il veut acculer l'ennemi. Une coulevrine est placée à chaque extrémité de la colonne ; vingt-cinq cavaliers sont postés derrière chacune de ces deux pièces d'artillerie, pour les garder et empêcher que l'ennemi ne déborde les lignes en les tournant par les bouts.

Il est trois heures du matin, 21 thermidor an VII, ou 8 août 1799. L'aube commence à poindre, la journée s'annonce superbe et chaude.

Latour n'est pas un général amateur et platonique qui, posté sur une colline, contemple, la lorgnette sur l'œil, les tableaux émouvants de ce drame tragique qu'on nomme une bataille. Général de fait et de nom, il se trouve au sein de la bataille, commandant de sa voix et frappant de son sabre. Ce système seul lui paraît bon, parce qu'il est la ligne droite, et par suite le chemin le plus court entre deux points qui s'appellent : l'un, la victoire; l'autre, la mort.

A trois heures du matin, Latour, d'une voix que redisent les échos du voisinage et qu'entend l'ennemi, car tout dort encore dans la nature, oui, Latour crie : *Vive le roi !* Ses soldats répètent : *Vive le roi !* avec un enthousiasme qui fait peur aux patriotes; et les coulevrines répondent aussi : *Vive le roi !* en adressant chacune un boulet aux sans-culottes. Ces projectiles en passant dans leurs rangs serrés, en tuant quelques hommes, vont publier fièrement que la bataille a commencé.

Tel fut le plan d'attaque de mon grand-père : Turenne l'eut signé.

Il faut, en effet, qu'il supplée à l'infériorité du nombre par la supériorité de la tactique et la valeur de ses soldats; car les *rouges* sont deux et demi contre un des *blancs*. Des deux côtés on se bat avec une rage que seuls comprennent, que seuls éprouvent les hommes qui combattent pour un parti.

L'armée royale, rangs serrés, avance lentement, mais elle avance; l'armée républicaine recule toujours compacte, mais elle perd du terrain. Déjà, vers onze heures, mon grand-père, qui suit tous les incidents de la bataille, calme comme un rocher, s'aperçoit d'un regard, non pas d'aigle, gros oiseau qui ne voit que la lune ou le soleil, dont Latour n'a que faire; mais plutôt d'un regard de général consommé qui voit bien ce qui se passe sur le champ de bataille; oui, Latour comprend que l'armée républicaine perd de sa solidité primitive. Il s'aperçoit que de sa part il n'a plus à craindre ni un retour offensif, ni un mouvement tournant. Alors, il ordonne à sa petite cavalerie de charger l'ennemi à fond de train. Sa cavalerie n'est composée que de cinquante hommes. Mais c'est la fine fleur de l'aristocratie de la contrée. Les cavaliers montent des chevaux superbes qu'ils ont dételés de leurs carosses. Ils valent cinquante chevaliers du moyen âge. Ce petit corps de cavalerie était commandé par M. de Guilhem, de Latrape. Il était l'ami intime de mon grand-père et la perle des Gentilshommes de la contrée. Agé de trente-cinq ans, il avait quitté son splendide château de Pis et son adorable famille, qu'il ne devait plus revoir; car il fut tué à Saint-Martory, dans ce même combat d'avant-garde, où le général républicain Latour fut si grièvement blessé par le comte de Fauls. Ces cinquante terribles cavaliers sabrent avec une épouvantable fureur ces rouges qu'ils détestent et qui certes le leur rendent bien. Ils piétinent avec leurs chevaux, lourds comme des éléphants, les sans-culottes qu'ils ont abattus d'un coup de sabre. C'est alors que les républicains, culbutés partout, mais toujours en ordre, cherchent à s'abriter derrière les vignes et le bosquet situés au midi du parc du château de la Terrasse. Déjà ils sont arrivés à reculons au *Pont-d'Ercus*, pont moins historique que celui d'Arcole, et qui pourtant mériterait de le devenir plus que lui. Ils sont acculés à la Garonne, dans les eaux de laquelle le général des blancs veut les noyer; car ici, ni on ne se rend, ni on ne fuit; on tue, ou l'on est tué. Quand à onze heures, *heure militaire*, par le chemin de Salles, arrivent au *Pont-d'Ercus* les deux cents hommes de Saint-Elix, accomplissant leur manœuvre tournante. A partir de ce funeste moment, ce n'est plus qu'un atroce carnage. La Nause et les fossés d'*Ercus* sont remplis du sang et des cadavres des républicains jusqu'au niveau des champs. Plusieurs se jettent alors dans la Garonne, la traversent à la nage et se

sauvent dans le terre-fort. Cependant, pas un des fuyards
n'aurait survécu si mon grand-père, toujours rempli d'hu-
manité, n'eut interdit à ses cavaliers la poursuite de ces
malheureux nageurs qu'il connaissait presque tous.

Tel est le fameux *combat de la Terrasse*, lequel seul, par
la valeur des soldats et la capacité du général, a plus de
valeur militaire que tous les combats ensemble que les
Frédéric, les Fritz, les Moltke et les autres, viennent de
livrer aux soldats de la France, trop peu nombreux, ou à
des Français dégénérés, habillés en soldats, qui fuyaient
devant l'ennemi à 30 kilomètres de distance.

A deux heures du soir, le général Latour victorieux paraît sur la place de l'hôtel-de-ville de Carbonne. Il porte
le tricorne, l'habit noir, culottes courtes en peau de daim,
bottes à retroussis, éperons d'argent, écharpe de soie blanche à franges d'argent. La poudre de ses cheveux, frisés à
marteaux, et la poussière liées par les gouttes de sueur
qui ruissellent de son front, forment comme de petits ca-
taplasmes dont sa figure est marquetée. Il est rouge de sang,
depuis la pointe de son sabre de cuirassier jusqu'aux mo-
lettes de ses éperons et à l'extrémité des crins de la longue
queue de son beau cheval noir. Il frappe avec la pointe
de son sabre à la porte du citoyen *Poulet*, cordonnier, et
lui crie : « Porte-moi du son pour mon cheval, au nom du
roi. » L'artisan sort, portant une chaise et du son dans une
auge de bois. Alors mon grand-père accroche la bride
au dossier de cette chaise, qu'il refuse pour lui, afin d'y
placer l'auge que le Carbonnais tient d'une main, tandis
que de l'autre, il prend la crinière de la pauvre bête qui
tombait de fatigue ; car depuis seize heures, elle galopait
à travers les guérets, les chaumes et les vignes. Pendant
ce temps, mon grand-père mangeait un morceau et buvait un
coup militairement chez son ami M. de Laveran. Il fait man-
ger ensuite lui-même une ravaille trempée dans un saladier
rempli de vin à sa chère monture ; donne un écu de trois
francs au citoyen cordonnier, et rejoint son armée, qui dé-
jeunait, assise à l'ombre des grands arbres du parc du

château d'Hautpoul de la Terrasse. Dès qu'elle aperçoit son général, elle se lève et le salue par un cri frénétique de : *Vive le roi !* que Carbonne entendit.

J'avais écrit l'histoire du *combat de la Terrasse* à l'aide de mes notes et de mes souvenirs. Pour être sûr que j'avais composé une histoire, et non pas un roman, deux fois je l'ai soumise à M. Pradinet, vieillard vénérable de 86 ans, qui à cette époque avait une quinzaine d'années, et qui a vu les faits que je raconte. Il s'en souvient comme s'ils s'étaient passés hier ; il m'a affirmé que mes dires, collationnés avec ses souvenirs, se trouvaient parfaitement conformes. Ce digne témoin oculaire habite son hôtel, rue du Rempart-Saint-Etienne, n° 53 ; il donne audience tous les jours, à toute heure et à tous.

Le lendemain du grand combat de la Terrasse, dont l'ignorance *crasse* de quelques journalistes de Toulouse *même* ne soupçonnait seulement pas l'existence, oui le lendemain de cette formidable affaire, à laquelle tout le pays prit part, mon grand-père reçut l'ordre, par estafette, des comtes de Rougé et de Paulo, chefs de l'insurrection royale de l'an VII, de rejoindre, avec toute son armée victorieuse, celle qu'ils commandaient à Montréjeau, arrondissement de Saint-Gaudens.

Le général des blancs, avant de partir pour la montagne, fit recouvrir de terre les cadavres de ceux qui avaient péri dans la bataille. C'est ainsi que furent ensevelis hâtivement et militairement quatre mille cinq cents républicains et quatre cents royalistes.

Mon grand-père, en se rendant à Montréjeau, remplaça en route les cinq cents insurgés tués ou blessés qu'il avait perdus à la Terrasse.

Après la bataille de Montréjeau, mon aïeul fut forcé de s'exiler en Espagne. Rentré dans sa patrie à la suite d'une amnistie générale, il remplit diverses fonctions administratives.

En 1800, tout était à créer en France en fait d'administrations publiques. Les Manuels pour les justices de paix, les mairies et les contributions directes et indirectes, ne sont que la reproduction textuelle des formules qu'inventait le *génie* administratif de mon grand-père, à mesure que les besoins des services divers en exigeaient la création spontanée.

En 1804, lors de la création de l'administration des contributions indirectes, un décret impérial le chargea de faire l'inventaire des caves de la Haute-Garonne. Il remplit cette mission difficile et délicate avec tant de distinction, que le Gouvernement lui demanda ce qu'il voulait pour récompense. L'empereur tenait déjà la plume pour signer le décret de sa promotion à la haute dignité de directeur des contributions indirectes à Toulouse; il fut obligé de s'en servir pour en signer un autre. Pour demander un tel emploi, il fallait accomplir un effort dont était incapable la modestie de cet homme illustre ; il sollicita la création à Noé d'un bureau de 702 fr. : tant valait un simple merci.

M. de Basire me disait un jour dans son cabinet de directeur : « J'occupe une place que votre grand-père n'a pas voulue. M. de Renard, encore un autre directeur , me disait un soir dans son salon : « Votre grand-père a laissé un nom immortel dans notre administration. »

Il existe à Muret une ancienne famille financière au sein de laquelle la recette particulière semble héréditaire. L'habileté et l'intégrité avec lesquelles tous ses membres ont toujours manié les fonds publics ont valu à ces perpétuels fonctionnaires un honneur peut-être unique dans la France tout entière. Or, c'est mon grand-père qui enseigna jadis au chef de cette honnête race l'endroit solide où il fallait planter le piton qui tient la longue chaîne dont chaque rejeton a formé un anneau. C'est lui qui guida le fondateur de cette antique dynastie de receveurs particuliers dans ce royaume aurifère de la Californie indigène , dont la couronne est une caisse toujours pleine, et qu'ont toujours sauvée ces princes de la finance de ma province natale, au milieu de toutes les révolutions qui ont bouleversé le sol de ma patrie. Le premier titulaire de cette fonction traditionnellement toujours si bien remplie se trouvait être receveur des finances du district de Rieux, quand mon grand-père, depuis Noé, le mit sur le chemin de la fortune et de l'honneur, dans lequel, à son exemple, tous ses descendants, depuis bientôt un siècle, ont toujours marché droit.

Latour, *le vainqueur de la Terrasse*, fut pendant sa longue et paisible existence le conseil gratuit et éclairé des pauvres du pays qui l'aimaient, et des riches qui l'estimaient. Que de fois dans son modeste salon, tout juste plâtré, n'ai-je pas vu le brillant marquis coudoyer un manant !

Et moi qui l'ai fréquenté jusqu'à dix-huit ans, c'est-à-dire, jusqu'à l'âge où l'on commence à se connaître en hommes, je déclare que mon grand-père était le type vrai de cette noble créature faite *à l'image de son Créateur* lui-même. Et pourtant cet être à l'organisation si complète et si mer-veilleuse eut trois passions : celles de la modestie, des œillets et des observations météorologiques.

Passion de la modestie. C'est bien lui qui démontrait la vérité du proverbe qui proclame que la valeur est toujours modeste. L'excès de cette vertu l'empêcha d'arriver à rien, lui qui méritait de parvenir à tout.

Passion des œillets. Il cultiva toujours un peu cette fleur charmante. Il avait réuni une collection de 70 variétés de cette belle plante à fleurs caryophyllées dans ses vastes serres : quand serres il avait !

Passion des observations météorologiques. Pendant soixante-cinq ans il consigna le soir ses études du jour sur son ca-hier mensuel. Les remarques de cette haute intelligence auraient fait faire à l'astronomie un pas immense dans la voie encore inexplorée de la prévision des temps, si des vandales, qui plus tard envahirent sa maison, n'avaient fait servir ces feuilles si précieuses à envelopper des pillules et des fioles.

Il eut aussi trois antipathies : elles étaient pour la mé-disance, la casquette et la pipe.

Antipathie pour la médisance. Un seul mot de dénigrement entendu par lui faisait éprouver à cet homme calme comme une bonne conscience une commotion pareille à celle que produit le choc d'une étincelle électrique. Enfant, je riais de ce brusque mouvement; plus tard, j'en admirai la charitable grandeur.

Pour la casquette. Jamais sa famille ne put obtenir qu'il portât cette coiffure *du griset* : il aurait préféré peut-être adopter le bonnet phrygien ! Quand il posa le tricorne, il adopta le chapeau noir. Il était souvent rapé et grisonnant de vieillesse : mais du moins, il avait la consolation de se souvenir qu'il avait été neuf et noir jadis !

Pour la pipe. Avec toute son intelligence il ne put jamais comprendre qu'un homme sérieux allumât toujours du feu pour n'avoir jamais qu'une vaine fumée.

Cet homme *de génie*, que rien n'embarrassait, mourut pauvre en 1836 de la maladie de la pierre. Il endura pendant trois mois des souffrances atroces, avec une patience vraiment digne d'un bon chrétien, qui pendant soixante-quinze ans, était toujours resté fidèle à son Dieu et à son roi.

Et moi, son unique héritier, son seul petit et bien petit-fils, je n'ai recueilli dans sa modeste succession que les objets dont voici l'inventaire :

Son épée;

Une médaille de bronze, mais superbe, du cardinal Fleury, dont il admirait la calme politique;

Son coco de chasse à cercle d'argent;

Sa boîte à poudre de cheveux;

Son sac à peignes en peau de daim.

Un commissaire priseur estimerait ces objets cinquante francs. Je jure pourtant que je ne les donnerais pas pour leur poids en diamant; et ceux qui me connaissent savent bien, qu'au besoin, je tiendrais mon serment.

CHAPITRE XI.

Un conseil de guerre ou récit authentique et vrai de la bataille de Montréjeau.

La grande bataille de Montréjeau se donna le 3 fructidor an VII.

Le soir du 2 fructidor, la veille du dernier combat de l'insurrection de l'an VII, à dix heures de la nuit, un conseil de guerre se tint en secret chez M. de Camon, maire de la ville, dont les sympathies étaient acquises à la cause royaliste.

Ce conseil se composait du comte de Paulo, du comte de Fauls, de mon grand-père et du comte de Rougé, maréchal-des-camps des armées du roi, commandant en chef l'insurrection royale de l'an VII.

Le comte de Paulo opina le premier. Ce jeune seigneur était un homme aimable, un causeur ravissant, mais la nature lui avait refusé le génie militaire. D'une voix charmante, il s'exprime ainsi : « Messieurs, dans le combat que nous devons livrer demain matin, il faut ranger nos troupes en bataille au bas de la côte. Dans la plaine de Montréjeau, sur un sol uni et découvert, nos vaillants soldats pourront se déployer sans obstacles. Les rouges, comptant sur la supériorité de leur nombre, descendront des hauteurs qu'ils occupent, pensant nous entourer ; pas un n'échappera à la pointe de nos baïonnettes. Quant à leur belle cavalerie, nos bataillons carrés en auront bien-

tôt raison. La Garonne d'ailleurs protégera notre droite ;
on dirait qu'elle passe par là tout exprès pour la plus grande
gloire de nos armes. » Alors, se levant avec une solennité
que grandit sa bonne grâce , il s'écrie : « *En mon âme et
conscience , Messieurs , mon avis est qu'il faut combattre dans
la plaine de Montréjeau.* »

Le comte de Fauls parla le deuxième. Ce gentilhomme
est d'une bravoure excessive ; c'est le plus parfait écuyer
de France ; il semble que son cheval et lui ne font qu'un
seul et même individu. Mais, en fait de capacités militaires,
il est grandement inférieur à Turenne ; il formula son avis
en ces termes : « Messieurs , j'adopte pleinement l'opinion
du préopinant , mon excellent ami , le comte de Paulo ;
il a d'ailleurs si fortement et si éloquemment motivé sa manière de voir , qu'il me paraît impossible de ne pas la
partager entièrement. » Et se levant , d'une voix mâle
et convaincue , il dit : « *En mon âme et conscience , Messieurs, mon avis est qu'il faut combattre dans la plaine de
Montréjeau.* »

Mon grand-père parla ensuite avec sa modestie ordinaire
et un ton calme comme la raison et la force ; il opina en
ces termes : « Messieurs, j'ai le regret d'avoir à combattre
le plan de bataille des deux honorables préopinants , et la
témérité d'en proposer un contraire. Les rouges ne quitte-
ront pas les hauteurs qu'ils occupent ; de ces positions for-
midables , ils foudroieront nos colonnes ; ils accompliront
leur œuvre de destruction avec d'autant plus de sécurité,
que leurs batteries se trouveront hors de la portée de nos
faibles canons. La Garonne n'empêchera nullement de passer leurs boulets et leur mitraille. Les eaux du fleuve sont
très basses, le lit peu large , les rives nullement escarpées
et presqu'au niveau des eaux elles-mêmes. Les chasseurs
à cheval de Barbot franchiront facilement une telle rivière.
Combinant leur opération avec les hussards de Berthier ,
la cavalerie ennemie tout entière tournera notre armée, la
sabrera par derrière , sans que la nôtre, si peu nombreuse,
puisse opposer la moindre résistance. Il nous faut donc

occuper les hauteurs qui entourent Montréjeau ; l'excellence de notre position équilibrera l'infériorité du nombre et de la mauvaise qualité de notre artillerie. En nous rapprochant de la ville, en cas d'échec, nous aurons la ressource suprême du combat des rues ; là je réponds de la solidité de nos soldats, garantis qu'ils seront des projectiles des batteries et des charges meurtrières d'une cavalerie très-nombreuse. »

Quand il a ainsi motivé son opinion, il se lève ; lançant sur ses collègues un regard qui brille comme un éclair, d'un accent viril, il profère gravement cette formule sacramentelle :

« *En mon âme et conscience, Messieurs, mon avis est qu'il faut combattre sur les hauteurs qui entourent Montréjeau, positions stratégiques dont il faut s'emparer immédiatement.* »

Le comte de Rougé parla le dernier. Ce commandant en chef est Américain. Jeune, il a lu les *Incas* de Marmontel ; il lui semble que les *blancs* qu'il commande sont invincibles, qu'il est lui-même Fernand Cortès ou François Pizarre. Il manifeste ainsi ses idées avec une accentuation lente, mais énergique : « J'ai la douleur, Messieurs, d'être obligé de rejeter l'opinion de notre brave collègue le général de la Tour, de Noé ; elle est injurieuse par sa prudence à la vaillance de notre armée, dont il vient lui-même de donner une preuve si éclatante au brillant combat de la Terrasse ; et j'adopte le plan militaire des premiers préopinants, mes deux nobles amis les comtes de Paulo et de Fauls. » Se levant alors majestueusement, il répète avec un flegme américain :

« *En mon âme et conscience, Messieurs, mon avis est aussi qu'il faut combattre dans la plaine de Montréjeau.* »

En présence du danger de la situation, mon grand-père se lève, et surmontant sa timidité naturelle, il proteste, et déclare *que tout est perdu* si l'on suit un pareil plan de bataille.

Rougé lui ôte la parole et lui ferme la bouche en lui disant : « Il ne suffit pas de savoir commander ; il faut aussi savoir obéir. »

Et cet homme modeste se tut !

Le commandant en chef communique ensuite au conseil ses dernières instructions.

Il déclare qu'en sa qualité de commandant en chef, il garde la haute direction des opérations de la bataille. Il distribue ensuite les divers commandements.

La cavalerie forte seulement de cent hommes, sous les ordres du vaillant comte de Villeneuve, de Cazères, lequel fut seigneur de Mauzac après le baron Cavailher de Pomarède, devait se tenir dans la plaine, derrière l'infanterie, prête à toute éventualité.

Le comte de Paulo, avec quinze cents hommes et deux pièces d'artillerie, commandera l'aile droite opposée au général Barbot.

Le comte de Fauls suivi d'autres quinze cents hommes et de trois pièces de canon, dirigera l'aile gauche. Il tiendra tête au général Berthier.

Le général de la Tour, de Noé, mon grand-père avec ses deux mille hommes, ses deux couleuvrines et ses soldats animés encore par le souvenir de leur récente victoire, est investi du commandement du centre de la ligne de bataille. Le comte Rougé lui recommande formellement de culbuter Pégot, pour venger son échec au conseil. Il lui répond modestement : « Mon général, avec l'aide de Dieu, j'espère exécuter fidèlement vos ordres. » Après ces derniers mots, le Président du conseil, lève la séance. Les quatre généraux, s'embrassent cordialement et sortent de la chambre du conseil en criant : Vive le roi, vive sa majesté Louis XVIII.

Les quatre *blancs* conspirateurs, avant de se séparer, vont serrer la main à leur hôte bien-aimé, M. de Camon, qui s'était couché. Cet homme aimable en acceptant le congé des quatre augustes royalistes, leur dit d'une voix pleine d'émotion et la larme à l'œil : « Mes amis, puisse le Dieu des batailles, qui aime la blancheur du lis, protéger aujourd'hui cette fleur qui nous est chère ! »

L'armée républicaine était sous les ordres suprêmes de l'adjudant-général Vicose. Le premier corps qui formait

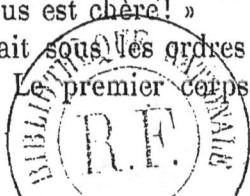

l'aile droite était commandé par le général Berthier ; il avait deux mille hommes d'infanterie, un régiment de hussards de la mort à cheval et une batterie d'artillerie. Il se tenait embusqué derrière le pont de Labroquère. Il fut plus tard, l'illustre major-général et le prince de Wagram.

Le général Barbot comptait sous ses ordres deux mille hommes d'infanterie, un régiment de chasseurs à cheval et une batterie d'artillerie. Il occupait les hauteurs de Montréjeau, sur la route de Lannemezan. Ce deuxième corps formait l'aile gauche républicaine.

Le troisième corps se tenait sur le plateau, derrière Montréjeau. C'était le centre des troupes ennemies. Il avait une division entière avec quatre régiments d'un effectif total de quatre mille hommes, soutenue par une batterie d'excellente artillerie. Ce troisième corps était dirigé par le général Latour. Mais cet officier ayant été blessé grièvement de la propre main du brave comte de Fauls, dans un engagement d'avant-garde à Saint-Martory, à la descente de l'église, il dut céder son commandement à un chef de bataillon distingué, Pégot de Saint-Gaudens, qui devint bientôt lui-même général.

Le commandant Pégot fut le héros de la fameuse affaire de Montréjeau.

En 1843, quand je fus nommé vicaire à Saint-Gaudens, je m'empressai de me présenter chez l'aimable général. Il s'attacha bientôt à moi. Alors, il me disait souvent : « Mon cher abbé, j'ai tort de vous aimer ; vous êtes le petit-fils d'un grand-père qui était un vrai démon sur le champ de bataille. Si au combat de Montréjeau il eut été secondé par ses collègues, l'armée républicaine était anéantie, et au moment où je vous parle, je n'aurais pas le bonheur de serrer la main de mon ami, le petit-fils de mon terrible ennemi. »

Il est certain, en effet, que si l'on eut suivi les conseils de mon grand-père, la bataille de Montréjeau aurait été gagnée par l'armée royale. Le Midi tout entier se serait soulevé en faveur de Louis XVIII. Or, qui peut calculer les suites d'un pareil événement. Le sort de la France aurait été changé.

Grand Dieu! à quoi tiennent les destinées des nations, et la fortune des empires!!!.....

On se battit depuis cinq heures du matin jusqu'à sept du soir, c'est-à-dire, pendant quatorze heures, avec un acharnement épouvantable.

Deux mille blancs furent tués les armes à la main. Deux mille furent relevés grièvement blessés sur le champ de bataille et faits prisonniers. Cinq cents se noyèrent dans la Garonne qu'ils voulaient traverser à la nage; mais ils ne purent y réussir tant ils étaient fatigués, et parce qu'ils furent sabrés par les hussards de la mort jusques dans ses eaux. Cinq cents se sauvèrent à Luchon par les côtes de Labroquère. Quatre mille rouges furent couchés morts sur le champ du carnage, presque tous percés par la baïonnette ennemie des blancs si intrépides.

Mon grand-père se battit toute la journée comme un lion furieux. Pendant quelques heures, avec son corps d'armée, il broya le troisième corps des troupes républicaines, commandé par Pégot, à la métairie de *Caussoles*, que j'ai trois fois visitée. Pour venger ses soldats que foudroya la mitraille du deuxième corps commandé par le général Barbot accouru vers quatre heures du soir au secours du troisième affolé de terreur, il massacra dans les rues de Montréjeau une multitude de *rouges,* sans recevoir, je ne sais par quel miracle, une seule égratignure, ni lui ni son cheval.

Le soir, à huit heures, voyant l'armée royale complétement anéantie, il s'approcha de la rive droite du fleuve et se jeta à cheval dans la Garonne; sabra tous les hussards de la mort qui eurent la témérité de l'y poursuivre et passa en Espagne. Et lui, qui avait traversé la frontière cousu d'or, magnifiquement monté, costumé en gentilhomme, un an après revint en France et rentra à Noé affublé de haillons sordides, chaussé de mauvaises savates, sans un denier, couvert de *poux.*

Le général, commandant le centre de l'armée royale à la

bataille de Montréjeau, Gabriel Latour, de Noé, fut suivi dans sa fuite en Espagne par deux brillants et braves officiers de la cavalerie royale : les deux frères Charles et Guillaume Sévène, de Muret. Eux aussi massacrèrent à coups de sabre les cavaliers républicains qui les poursuivaient. Comme mon grand-père, ils furent condamnés à mort par contumace et pendus en effigie, mais sans préjudice de leur vie, qu'ils conservèrent parfaitement; car, ils ne rentrèrent en France que lorsqu'ils furent certains que la guillotine avait cessé de fonctionner sur les places publiques.

Les deux MM. Sévène étaient à cette époque reculée les officiers, les amis et les compagnons d'exil de mon grand-père, leur général bien-aimé. Des membres de cette honorable famille, plus tard, s'allièrent à la mienne.

Tel est le rapport, non pas officiel et mensonger, mais officieux et vrai de la fameuse bataille de Montréjeau, du 3 fructidor an VII, ou du 20 août 1799.

Le récit fantaisiste de ce haut fait d'armes se trouve au Moniteur universel, tridi, 13 fructidor, page 1393, n° 343, tome an VII.

Le citoyen Perés, de la Haute-Garonne, donna lecture, à la séance du Conseil des Anciens, du 8 fructidor, du rapport de l'adjudant général Vicose, commandant les forces républicaines dans le ci-devant district de Saint-Gaudens.

Ce rapport n'est pas exact: c'est un vrai mensonge officiel. Sa lecture fut accueillie avec des applaudissements frénétiques; la victoire de Montréjeau avait pour la république une importance suprême.

Or, l'armée royale comptait cinq mille hommes d'infanterie seulement, une centaine de cavaliers, cinq pièces d'artillerie et les deux couleuvrines de mon grand-père.

L'armée républicaine, au contraire, avait huit mille hommes d'infanterie, un régiment de chasseurs et un de Hussards de la mort à cheval, trois batteries d'excellente artillerie : en tout dix-huit canons.

Le citoyen Vicose a oublié ces menus détails. Ah ! quand on est général républicain, il paraît qu'on ne pense pas à tout. Du reste, les chefs de l'insurrection blanche avaient pris des dispositions atroces, qui devaient fatalement aboutir à l'anéantissement complet de la dernière armée de Louis XVIII.

Ainsi donc finit l'insurrection royale de l'an VII, pendant laquelle ressuscitèrent dans le Midi de la France les temps héroïques de la Grèce antique. Tant qu'elle dura, on livra dans nos contrées, alors vaillantes, des combats d'Hercules où les Géants *blancs* et *rouges* du pays parlaient peu, mais se battaient à mort.

Le grand Alexandre avait raison de regretter de n'avoir pas un Homère pour chanter ses exploits ; c'est le plus grand des poëtes qui a immortalisé Achille. Que seraient aujourd'hui Charette, Cathelineau, Larochejaquelein, Stofflet, Lescure, Bonchamp et tant d'autres héros vendéens sans l'histoire qui nous a transmis leurs hauts faits ? Or, la république a menti sur *Montréjeau* ; elle a gardé un criminel silence sur *la Terrasse,* où elle fut battue. Ah ! puissent mes quelques pages réparatrices rappeler à quelque grand historien que *Montréjeau et la Terrasse* manquent à notre histoire nationale.

CHAPITRE XII.

Latour le peintre ou mon cousin.

Ce célèbre artiste naquit à Noé le 8 avril 1807. Il était le fils de l'aîné de la famille. Son père s'appelait Latour de Bordeneuve. Comme il se trouvait le plus ancien de tous ses frères, naturellement il fut le premier pauvre d'entre eux.

Le peintre en herbe fut envoyé à l'école chez le *régent* de la localité, à raison de douze sous par mois ; le père encore fut obligé le deuxième mois d'ouvrir chez le *magister* débonnaire un compte qu'il ne paya jamais. Cet enfant eut de bonne heure la figure et l'aptitude de son futur métier. Quant aux outils, ce fut bien autre chose. Mais bon ouvrier il sut heureusement se servir des plus mauvais. Un charbon pris dans les cendres, un morceau de craie tombée des mains d'un vitrier ambulant, lui servaient de pinceaux ; les portes et les contrevents du village étaient ses toiles, dont les gonds formaient le chevalet.

Un de ses oncles de Toulouse, riche encore, se chargea de l'éducation de ce gamin si bien doué. Il devint pauvre à son tour, lorsque en 1830 il refusa de prêter au Gouvernement de juillet un serment qui répugnait à ses convictions politiques. Or, jamais dans ma famille il n'y eut ni hypocrites ni lâches disant ou faisant ce qu'ils ne pensaient pas. Ce refus de serment fit perdre à son oncle ses huit mille francs qu'il gagnait dans l'administration des postes. Heureusement pour le neveu, qu'à cette époque il terminait les études de sa profession à l'école des beaux-arts.

En 1830, c'était comme aujourd'hui ; ce réfractaire, pour n'avoir pas préféré les écus à ses convictions, eut l'insigne honneur d'être traité de fou par ses amis et connaissances. Mon grand-père dans cette circonstance me chargea de lui dire, un jour que je vins à Toulouse : « qu'il avait laissé les choses à leurs places au moment où il préféra la vertu aux gros sous. »

Latour le peintre eut bientôt conquis à Toulouse une position artistique vraiment splendide. L'école qu'il ouvrit fut fréquentée par la haute noblesse de la cité de Rivals. Toutes les jolies mains aristocratiques sachant tenir un pinceau, c'est lui qui les guida. Ces augustes familles avaient pour lui un véritable culte. Mme de Boselli, notre ancienne et si distinguée préfète, jamais ne reçut un chevreuil, tué dans les chasses de ses vastes forêts, qu'elle n'en offrit un quartier au professeur de ses enfants. L'amitié de mon cousin ne manquait jamais de me convier au festin dont faisait les délices ce savoureux animal.

Il était le maître de dessin de l'établissement des Feuillants. Les Feuillants ! vrai Saint-Cyr du midi de la France, dont Mme de Maintenon aurait dit : « Puissent les Feuillants durer aussi longtemps que la France ; et la France aussi longtemps que le monde ! » Dans ce couvent il était adoré ; et si Raphaël se fut présenté chez ces dames, pour supplanter *son rival*, elles l'auraient en chœur mystiquement éconduit

Il excellait sur le violon ; et coïncidence étrange ! c'est moi, qui un jour, enfant encore, donnai à mon *grand-cousin*, superbe homme déjà alors, mon propre instrument, à cause que ma chère grand-mère, n'avait plus d'argent à me fournir pour y remettre les cordes que je cassais trop souvent. Nous avions d'ailleurs d'autres défauts qui nous étaient communs. Sa famille le grugeait sans cesse, et souvent le rendait le plus gueux des peintres de Navarre ; ne lui laissait que ses toiles et ses pinceaux ; comme la mienne ne m'a laissé que ma belle bibliothèque et ma plume d'ivoire. Il nous arrivait souvent de rire ensemble de notre gaucherie phénoménale et respective à nous laisser ravir la bourse par des *Cartouches* et des *Mandrins* domestiques. Artiste jusqu'au bout des ongles, ses appartements étaient un vrai musée de Cluny. Son atelier, que lui-même fit construire dans une maison amie, renfermait des tableaux de grands maîtres. Son riche salon était meublé à l'antique. Après sa mort, ses vieux meubles adorables furent achetés à chers deniers par un prince de Russie.

En fait de modestie il était le digne neveu de son oncle, mon grand-père, qui avait prédit à son frère aîné les hautes destinées artistiques de son fils tendre encore. Dans son appréciation les *Soulié*, les *Garipuy*, les *Blercy*, les *Chambaron*, les *Golse* étaient forts dans leur art ; quant à lui il n'y entendait rien. Ah ! ce n'est pas ainsi qu'en jugeait la France entière. Quand les *Daubigny*, les *Courbet*, les *Bida*, les *Corot*, les *Rousseau* et autres allaient aux pyrénées étudier la nature sur les lieux, ils lui accordaient toujours tous au moins trois jours. Ces grands artistes, en admirant ses dessins au fusin, ses tableaux de paysage, lui disaient : « Mais vous êtes plus fort que nous ; venez donc à Paris avec vos œuvres ; il ne leur manque que le jour de la capitale et la réclame de la presse. » Et lui leur répondait invariablement avec sa bonhomie charmante : « Ah ! laissez-moi donc à Toulouse, où je suis aussi bien qu'un poisson dans l'eau. »

Latour le peintre, mon si cher cousin, expira à Toulouse à l'âge de 56 ans, le premier mars 1863, à trois heures du matin. Il mourut non pas seulement muni des sacrements de l'Eglise ; pour un membre de ma famille qui entreprend la traversée si longue de l'éternité ce mince et commun bagage est considéré comme insuffisant ; mais il finit mieux encore que cela, en mourant d'une mort édifiante et pieuse. Dans cette douloureuse circonstance, il ne voulait que de mes conseils. Il me disait avec une naïveté grande comme son talent : « Quand il s'agit de bien mourir, il ne faut écouter que les prêtres ; il n'y a qu'eux qui sachent comment on doit s'y prendre. » J'avoue que j'exploitai ces dispositions sublimes aussi en grand que possible. Je voulus qu'il poussât jusqu'au luxe ses précautions pour mourir saintement. J'affirme ici que M. l'abbé Montagné, alors vicaire de la Daurade, aujourd'hui curé du Taur, se garda bien de jamais y contredire.

Je me félicite de pouvoir formuler ici les solennelles et sincères actions de grâces de mon cœur de parent et de prêtre envers ce digne curé de Toulouse qui répare avec une intelligence digne de sa réputation les actes de vandalisme commis dans son ogivale église.

Ce brillant et bien-aimé artiste mourut malheureusement des suites de la chute d'un mauvais tilbury. Il n'y était pas à sa place, en y montant il avait dérogé, lui qui aurait dû rouler carrosse. Dieu, en permettant ce terrible accident, prouva qu'il veut qu'on soit modeste, mais qu'on doit l'être avec modération : *Oportet sapere, sed sapere ad sobrietatem.* Comme Raphaël, il mourut jeune, et sa mort accidentelle et prématurée enleva au Midi de la France la plus pure de ses *illustrations* artistiques. Mais ici du moins j'ai une consolation, c'est que ses œuvres et sa mémoire seront éternelles à Toulouse !

Il m'a semblé que la vie de Latour le peintre, de ce cousin tant aimé, devait clore la liste des biographies des membres *illustres* de ma famille.

Mon père est mort à Noé le 13 mars 1837, de mort subite, causée par la rupture d'un anévrisme, à l'âge de quarante-cinq ans.

L'Esprit saint nous dit : « Ne louez aucun homme avant sa mort. » Or, mon père, que j'aimais tant ! est mort depuis déjà trente-quatre ans : j'aurais donc le droit de faire son éloge et son panégyrique : mon cœur y trouverait son bonheur ; mon orgueil une immense satisfaction ; mais ma modestie sacerdotale serait lésée dans sa délicatesse. Je me penche donc sur les bords de cette tombe si prématurément ouverte, non pour la charger d'éloges, mais bien pour l'arroser de larmes et la couvrir de prières !!!!!

Et maintenant, que mes lecteurs me disent si le titre de mon livre n'est pas une vérité ; et s'il existe dans Plutarque des pages aussi belles que celles qui racontent l'histoire du martyr, le saint abbé de la Tour !

CHAPITRE XIII.

Pourquoi toujours l'Abbé Latour ? Pourquoi pas enfin l'Abbé de la Tour ?

Aujourd'hui, qu'on ne met plus *les aristocrates à la lanterne,* pas même à celle de Rochefort, où les pieds toucheraient à terre, vu qu'elle est souvent au-dessous du niveau du sol, et qu'on risquerait seulement avec elle de se balancer dans la cave ; maintenant qu'on n'emprisonne plus pour cause de *liberté ;* qu'on ne démolit plus les clochers pour raison d'*égalité ;* qu'on ne guillotine plus pour preuve de *fraternité :* pourquoi donc, dit-on, par-ci, par-là, l'abbé Latour ne reprend-il pas enfin sa vieille particule ? Certainement, je ne suis pas le bon Dieu, sagesse éternelle, laquelle ne fait jamais rien sans raison ; mais j'ai l'honneur insigne d'être son ministre : on doit donc supposer que lorsque je ne fais pas quelque chose, ce n'est pas uniquement à cause qu'il ne me plaît pas de la faire ; il faut charitablement admettre que j'ai quelques bonnes raisons pour m'abstenir. Mes lecteurs curieux tiennent-ils à les connaître ? Je n'y répugne pas !

Un violent coup de hâche de l'affreuse *terreur* fait sauter la particule de mon aïeul. Ah ! pourquoi l'article n'a-t-il pas été encore lui aussi retranché ? Mon grand-père ainsi serait moins malheureux. Quand son nom devant lui serait articulé, sa modestie extrême aurait moins à souffrir ; car alors un *tour* de langue bâclerait une affaire, laquelle depuis bien des siècles déjà, toujours en voulut trois. Il perd même son titre de monsieur ; *l'égalité* en fait un simple *citoyen*. Il faut au vieux *Victor*, à son fidèle valet de chambre une longue habitude de trente ans de respect pour ne pas tutoyer un maître qu'il adore, autant qu'il le vénère.

Quant à mon excellent père, venu au monde en 92, né au fort de l'orage, il a été démocratiquement enregistré. Lorsque bientôt, il saura épeler son nom, maintenant abrégé, il ne pourra regretter une particule que son œil n'a jamais aperçue, que son oreille n'a jamais entendue. Et son adorable mère n'ira certainement pas réclamer à Marat une syllabe qui ferait mourir sa tendre et *ci-devant noble idole*, une particule qui signalerait le jeune aristocrate au massacre des Hérodes français. Arrivé à Toulouse pour faire ses études, il feuilletera ses dictionnaires et non point le nobiliaire de son département. Il lira fièrement les bulletins de victoire de nos grandes armées ; il comptera avec orgueil les cent titres de gloire qu'a conquis sa patrie partout victorieuse, et il ne songera même pas que le souffle de l'égalité a fait tomber sous la table de l'hôtel de ville de sa commune ahurie une particule que nul témoin de son acte de naissance n'ose alors ramasser. Plus tard, quand il ne pensera qu'avec la tête de son père, qu'il n'aimera qu'avec son cœur, qu'il ne verra que par ses yeux, si ce père adoré ne réclame pas, il gardera lui-même le plus profond silence. En 1810 on achètera un remplaçant qui coûtera dix mille francs. Il déserte, hélas ! et cette fatale désertion engendre un funeste procès, qui se terminera en 1826 par une expropriation générale et la ruine totale de mon opulente famille. C'était bien le temps alors de reprendre cette infortunée particule- !. On eut été doublement pauvre ; car rien n'est pauvre comme *un noble gueux !*

C'est vers cette même époque qu'un de mes oncles, Cavailher de Pomarède, dont les ancêtres étaient seigneurs et barons de Mauzac, au château *de Pomarède*, commença sa carrière de colonel d'état-major, qu'il fournit avec tant de distinction, sous l'illustre maréchal Masséna, prince d'Essling, dont il devint bientôt l'aide-de-camp bien-aimé en qualité de commandant.

Et moi ? eh bien ! moi non plus , je ne l'ai pas encore reprise cette particule tant convoitée , tant usurpée par la roture enrichie en vendant des allumettes ou du cirage , quoique j'aie eu néanmoins le temps d'y songer pendant un demi-siècle ! Voici encore pourquoi :

Enfant, je m'amusais; au petit séminaire, je travaillais pour gagner tous les prix ; au grand, j'étudiais tout de bon l'Ecriture sainte et la Théologie, et pour me distraire, encore mon baccalauréat : titre qu'après vingt-ans d'exclusion injuste et ridicule, l'Université de France permettait enfin aux ecclésiastiques *eux-mêmes* de reprendre.

C'est donc moi qui , le 3 août 1841, pour obéir à deux hommes éminents, MM. Ducray et Vieusse, ouvris glorieusement la marche des bacheliers modernes portant le rabat et le tricorne, et assez rétrogrades pour avoir fait, toujours vêtus de la soutane, toutes leurs études au petit séminaire de l'Esquile.

Or, le maire de Peyssies n'exigea certainement pas l'exhibition de mon diplôme, de ces inutiles prémices universitaires, quand je fus nommé vicaire de ce petit hameau par mon administration ecclésiastique, laquelle, depuis cette époque, a toujours été envers moi juste , convenable et maternelle avec une parcimonie extrême.

Au début de mon saint ministère paroissial, mes supérieurs , alors encore bienveillants comme ils l'avaient toujours été pendant les douze années passées dans les deux séminaires de Toulouse, m'envoyèrent comme vicaire dans la meilleure des paroisses , auprès du plus délicieux des curés. A Saint-Gaudens je rencontrai des âmes qui avaient égaré leurs nobles titres d'enfants de Dieu ; prêtre par conviction et non pas par métier, je me mis à chercher ceux des autres, ne pensant plus du tout aux miens. Ah ! devant des âmes à sauver, que me faisait à moi que ma famille fût plébéienne ou patricienne ; que mon premier ancêtre fut Cincinnatus ou Scipion ; que mon nom eut deux syllabes, ou mieux qu'il en eût trois ; que les laissez-passer qu'alors je délivrais aux chrétiens mourants fussent signés Latour , ou de la Tour ! ne valait-il pas même mieux abréger la lugubre formalité pour ne pas leur faire manquer l'heure vraie du départ pour les cieux ?

A partir de cette douce époque, ma sainte administration se lança contre moi dans le système des déplacements continus : on me nommait le vendredi, on me révoquait le samedi *ad nutum et ad libitum* ; on me quillait le matin, on me déquillait le soir. Pour ne pas la perdre, celui qui tenait la boule, jamais ne voulut la poser, et mon tour de jouer jamais ainsi n'arriva. A cela qu'y pouvais-je ? Un prêtre convenable doit être toujours comme le soldat *Agnus*, qu'un sergent vieux grognard, chargé de trois chevrons, met à la salle de police, parce que son camarade *Lupus*, bêtement ou méchamment, mais protégé par le major, a renversé la gamelle. Pendant que *Lupus* ramasse pour son compte le pain et le bouillon, *Agnus* s'exécute, en attendant qu'il s'explique avec son colonel. Or, pour le prêtre vraiment digne, le colonel, c'est Dieu ; l'heure du rapport, c'est le jugement dernier. Eh bien ! là je m'expliquerai clairement, et celui-là rira longtemps qui rira le dernier ; comme aussi *vice versâ*, celui-là pleurera éternellement qui commencera de pleurer à l'heure où les heures finiront.

Au reste, je dois l'avouer, tous ces déplacements me troublaient infiniment peu ; mais ils me dérangeaient beaucoup ; ils me faisaient perdre du temps. Or, en fait de temps, je suis Américain ; pour moi aussi, le temps, c'est de l'argent. Il m'est donc dû sur ce chapitre des dommages et intérêts considérables, qu'un jour je saurai bien réclamer.

Le 28 décembre 1848, quand j'arrivai à Mauzac, après la tempête, le calme était venu ; mais alors j'entrais dans l'âge où l'homme marche encore après la vanité, tout en cessant de courir après elle.

Or, les actes de l'état civil de Noé, ma patrie, antérieurs à 1830, avaient été brûlés. Dans cette situation, pour rallonger dûment mon nom, il fallait le fracas d'une en-

quête et la solennité d'un jugement au tribunal de Muret.
Tout cela ne me faisait précisément pas peur et ne répugnait pas absolument à ma modestie personnelle, laquelle
existe sans doute, mais non pas au même degré que celle
de mon grand-père. Cependant, il me sembla que ce bruit
fait autour de mon nom était contraire au calme et à la
sérénité de mon état ecclésiastique.

Qu'on ne se figure pas pourtant, que si alors je n'ai pas
cueilli les raisins mûrs au *haut* de ma *treille* généalogique,
c'est parce que je ne pouvais pas *y atteindre*. Ceci est autre
chose ! L'enquête, on va le voir, eut été *de commodo*. Il existe
à Cahors, chez la famille *Figeac*, une masse de titres af-
firmant mon droit ; il s'en trouve un autre à l'étude de
M. de Fabars, notaire à Mourvilles-Hautes. Tous les actes
notariés de ma famille antérieurs à la Révolution le prou-
vent ; tous ceux que passa Mlle de la Tour, sœur de mon
grand-père, vieille douairière morte en 1825 dans l'antique
manoir de ma famille, quoique postérieurs à cette époque
égalitaire, sont tous blasonnés de ses armes.

Ma noble tante légua son monde de constructions du
Gaillarduport et les vastes terres qui l'entourent à son parent M. de Florentin. Or, pendant quarante-six ans toutes
les générations de bordiers qui sont passées dans l'exploi-
tation de ce pittoresque quartier ont accompli d'inutiles
efforts pour remplacer le nom de la Tour par celui de Florentin. Le riche domaine de l'opulent et aimable marquis
s'est appelé, s'appelle et jusqu'à la fin des temps s'appel-
lera toujours le quartier de la Tour ; et la tour de l'antique
et délabré château, convertie depuis longtemps en pigeon-
nier, se nommera éternellement le colombier de la Tour du
Gaillarduport. Mon noble ami M. le vicomte Achille de
Puybusque, pendant dix ans a vu et entendu toutes ces
choses.

Mais, pourquoi cette formidable masse de preuves en
faveur de ma noblesse, laquelle naturellement devait flat-
ter mon légitime orgueil, n'a-t-elle pu me faire sortir d'une
abstention demi-séculaire ? Eh ! mon Dieu, voici pourquoi !

Depuis 1848 je ne me suis occupé qu'une seule fois de politique, c'est à l'époque du plébiscite, pour voter et faire voter *non*. Je voyais qu'une formidable majorité de *oui* allait lancer un gouvernement de gamins dans la voie des témérités agressives, et précipiter la France dans le gouffre, au fond duquel nous avons tous roulé. Et pourtant, malgré ma réserve en politique, vu mon indépendance de caractère et mon système, pris à saint Chrysostôme, de ne rien craindre, *sauf le péché*, on n'a jamais cessé de me croire démocrate. Les républicains honnêtes me revendiquaient, heureux d'avoir pour coreligionnaire un prêtre qu'ils pensaient être honnête comme eux, et qui peut-être l'est un peu. Les mauvais républicains, c'est-à-dire, ceux qui ne le sont pas du tout, car il n'y a de républicains que les hommes vertueux, oui, ces prétendus républicains abritaient leur marchandise omnicolore pour la nuance et avariée pour la qualité sous mon pavillon respecté. Ceux qui me supposent républicain sont-ils dans le vrai ou dans l'illusion? Je n'ai pas à m'expliquer et à faire aujourd'hui ma profession de foi politique; qu'il me suffise de poser ma profession de charité chrétienne, seule ici nécessaire. Non, je n'ai pas une méchante nature; quand j'ai trouvé mon propre bien, franchement je cherche celui des autres. Or, c'eut été commettre un acte de perversité politique que de troubler le bonheur des uns et miner la petite industrie des autres. J'ai donc charitablement laissé couler l'eau sur mon nom de roturier. D'autant plus, que je suis un de ces hommes qui estiment que le nom ne fait rien à la chose, et moins que rien à la personne, relativement, bien entendu, à sa valeur intrinsèque. Mais, que l'on demeure bien convaincu, que lorsque j'aurai besoin ou fantaisie de chercher ma particule tombée, il y a quatre-vingts ans dans la salle de la mairie de Noé, quoique *myope*, je saurai bien la retrouver.

Du reste, avant de finir, je proposerai un arrangement parfaitement acceptable, un *interim* très-convenable.

En attendant mon baptême définitif, j'aime mieux avoir la particule sans la prendre, que la prendre sans l'avoir;

je préfère signer Latour et être de la Tour, que signer de la Tour et n'être que Latour.

César écrivit ses commentaires, saint Augustin fit ses confessions, Rousseau donna les siennes. Je n'ai ni la gloire d'être César, ni le bonheur d'être Augustin, ni le regret d'être Rousseau. Et cependant, je fais comme eux. Ah! c'est qu'il y a un peu de César dans mon grand-père, un peu de saint Augustin dans mon oncle le martyr, et rien dans aucun des membres *illustres* de ma famille des turpitudes de Rousseau.

Voilà donc la raison qui m'a fait imprimer une semblable brochure. Sa publication restera comme non-avenue pour les indifférents, puisqu'ils demeureront aussi indifférents pour moi que j'aurai l'honneur de continuer à l'être pour eux. Les amis s'en réjouiront, et leur bonheur doublera le mien, en s'ajoutant à lui. Quant à mes ennemis, elle les vexera d'une façon atroce. Eh bien! qu'ils offrent au bon Dieu cette mortification cruelle, et ils obtiendront ainsi, en faisant de nécessité vertu, un bon point pour l'éternité que je leur souhaite aussi heureuse que longue.

Je termine par ma proposition suivante d'arrangement à l'amiable:

NE VARIETUR

GABRIEL-MARIE-EUGÈNE LATOUR

ou

GABRIEL-MARIE-EUGÈNE DE LA TOUR,

au choix de mes lecteurs.

TABLE DES MATIÈRES.

Toulouse, Impr. DOULADOURE; ROUGET frères et DELAHAUT, success", rue St-Rome, 39.